Dott. Piero Antonio Esposito

I0035457

Libro IV

Dei diritti reali, con particolare riguardo al condominio degli edifici ed alla proprietà edilizia

della collana
"Manuale Tecnico del Condominio e dell'Amministratore"

I Edizione

A.I.A.S.
Associazione Italiana Amministratori Superiori
www.aiasitalia.it

Dott. Piero Antonio Esposito

Finito di stampare nel mese di agosto 2015.

ISBN 978-88-944560-3-5

Dott. Piero Antonio Esposito

Dott. Piero Antonio Esposito

Dott. Piero Antonio Esposito

Libro IV

Dei diritti reali, con particolare riguardo al condominio degli edifici e alla proprietà edilizia

INDICE

Dott. Piero Antonio Esposito

Titolo I

Dei diritti reali

Capo I

Delle cose

I diritti reali rientrano nella categoria dei diritti assoluti, in questo caso su una res, una cosa ed hanno le seguenti caratteristiche:

1. *Assolutezza:*

possono essere fatti valere nei confronti di tutti i terzi o di tutti i consociati sui quali incombe un generico dovere di astensione;

2. *Immediatezza:*

il titolare realizza il diritto direttamente senza che sia necessaria la collaborazione di terzi come accade nelle obbligazioni ad esempio con i diritti di credito;

3. *Inerenza:*

l'inerenza indica, invece, il potere del titolare del diritto di opporre il proprio diritto nei confronti di un possessore o di chiunque altro vanti un diritto sulla cosa.

4. : *Tipicità*

sono solo quelli previsti dalla legge sono quindi un numero chiuso e per questo si differenziano dai diritti nascenti dai contratti (obbligazioni) – autonomia negoziale, ossia la forma libera dei contratti detti anche atipici o innominati.

Capo II

Delle cose oggetto di proprietà

Tutte le cose possono essere oggetto di proprietà.

Occorre, quindi, prima di esaminare il diritto di proprietà esaminare le *res* (cose) (beni).
Possono avere valore economico ed essere commerciabili, possono non averlo e quindi non presentare un valore commerciale.

Res communes omnium:

Come ad esempio l'aria ed il sole sono quindi incommerciabili.
Tali beni diventano commerciabili ove confinati in posti distinguibili, come la bombola a ossigeno.

Beni pubblici e demaniali:

Appartengono ad un ente pubblico e non sono assoggettabili alla proprietà privata, sono beni demaniali i beni che possono appartenere solo ed esclusivamente ad enti pubblici come lo Stato, le Province e le Regioni, come il demanio marittimo, spiagge, lidi, rade, porti, ecc.... o il demanio idrico, fiumi, laghi, il demanio naturale, montagne, foreste.

Beni corporali e beni incorporali:

I beni corporali *qui tangi possunt*, ossia che possono essere toccati o che comunque possono essere percepiti dai nostri sensi, come gli immobili, gli animali, gli oggetti.
I beni incorporali o immateriali non sono percepibili dai nostri sensi ma soltanto dall'intelletto, cioè sono creazioni della nostra mente e quindi concepibili solo astrattamente come le opere dell'autore, i segni distintivi dell'impresa come i marchi, le insegne e così via.

Beni presenti e beni futuri:

I beni presenti sono beni già esistenti in un momento specifico in natura e sono solo questi beni che possono essere oggetto di proprietà o di altri diritti reali: i beni futuri possono essere oggetto di proprietà come previsto dalla legge, come vendita di cose future, ex art. 1472 c.c., che riporto fedelmente.

Art. 1472.
Vendita di cose future.
Nella vendita che ha per oggetto una cosa futura, l'acquisto della proprietà si verifica non appena la cosa viene ad esistenza. Se oggetto della vendita sono gli alberi o i frutti di un fondo, la proprietà si acquista quando gli alberi sono tagliati o i frutti sono separati.
Qualora le parti non abbiano voluto concludere un contratto aleatorio, la vendita è nulla se la cosa non viene ad esistenza.

I beni futuri che oggi ancor non esistono possono essere oggetto solo di obbligazioni siano essi beni mobili, siano essi beni immobili.
La ragione per la quale possono essere solo oggetto di rapporti di natura obbligatoria è ovvia, non è possibile esercitare un potere immediato su una cosa che ancora non esiste.
Le obbligazioni aventi ad oggetto beni futuri possono essere aleatorie, cioè con una assunzione di un rischio (alea) oppure solitamente no.
Pagherò i frutti di un terreno solo se essi vengono prodotti: in questo caso il negozio non è aleatorio.
Pagherò comunque una battuta di pesca sia essa proficua sia essa pari a zero: in questo caso il negozio è aleatorio.

Beni immobili e mobili:

Sono beni immobili tutti quei beni che per loro natura sono ancorati al suolo ad esempio gli alberi o gli edifici, tutti gli altri sono beni mobili.
La disciplina che li caratterizza è profondamente diversa.
Per i beni immobili è prevista la forma scritta ad substantiam, per i beni mobili no ad eccezione dei beni mobili registrati come le automobili e/o

natanti.

I beni immobili ed i beni mobili sono inoltre soggetti a registrazione, vige quindi il principio della pubblicità:

trascrizione nei pubblici registri del trasferimento del bene a qualsiasi titolo per la garanzia dei terzi e dei creditori che in questo modo vengono facilmente a conoscenza delle loro vicende giuridiche anche di eventuali iscrizioni a garanzia di un credito come l'ipoteca e il pignoramento.

Res generiche e res specifiche:

Sono generiche quelle cose che possono essere individuate ma ancora non lo sono, pensiamo ai cavalli oppure agli alberi.

Sono specifiche quando assume valore una determinata caratteristica ad esempio la razza del cavallo o un vino pregiato rispetto alla definizione di vino da tavola.

Beni fungibile ed infungibili:

I beni fungibili appartengono ad un genere indeterminato di merci che possono essere scambiati indifferentemente come ad esempio il denaro. Sono infungibili al contrario le cose uniche nel loro genere, come un quadro d'autore, che può essere oggetto di scambio.

Beni consumabili ed inconsumabili:

Le cose consumabili sono quelle che possono essere usate solo una volta come ad esempio il cibo o le bevande, sono inconsumabili i beni che possono essere usati anche più di una volta come ad esempio i vestiti sia pur "fisicamente" soggetto e deterioramento.

Beni divisibili ed indivisibili:

Sono divisibili tutti quei beni che possono essere frazionati in parti uguali conservando la stessa destinazione d'uso e lo stesso valore economico come ad esempio il denaro.

Sono indivisibili tutti quei beni che "non" possono essere frazionati perché perderebbero il loro valore economico e la loro destinazione d'uso come ad esempio l'autovettura o il cavallo, ma anche le parti comune di un condominio.

Beni produttivi e beni di consumo:

Sono beni produttivi quelli che non vengono direttamente consumati e sono destinati ad un procedimento di riuso e di trasformazione come le materie prime ad esempio il metallo.
Sono beni di consumo quelli di disponibilità immediata e necessari per il soddisfacimento di un bisogno di un interesse attuale, pensiamo ad una penna.

Beni semplici e beni composti:

Sono beni semplici quelli che non rendono possibile la separazione o la divisione senza che gli stessi perdano il loro valore e la loro destinazione ad esempio un animale vivo, una pianta o un fiore.
Sono beni composti quelli risultanti da una connessione materiale o fisica ciascuna delle quali può essere staccata, sono quindi divisibili, mantenendo la loro destinazione d'uso e valore economico, pertanto mantenendo autonomia e rilevanza giuridica.

Beni connessi:

Sono connessi quei beni che diventano parte di un tutto come ad esempio l'automobile ed il motore, se l'uno è secondario rispetto all'altro bene (principale) avremo le pertinenze.

Passiamo ora ad analizzare gli articoli del codice civile dal 810 c.c. al 815 c.c., che riporto fedelmente.

Art. 810.
Nozione.
Sono beni le cose che possono formare oggetto di diritti.

Art. 811.
(Omissis).

Art. 812.
Distinzione dei beni.
Sono beni immobili il suolo, le sorgenti e i corsi d'acqua, gli alberi, gli edifici e le altre costruzioni, anche se unite al suolo a scopo transitorio, e in genere tutto cio' che naturalmente o artificialmente e' incorporato al suolo.
Sono reputati immobili i mulini, i bagni e gli altri edifici galleggianti quando sono saldamente assicurati alla riva o all'alveo o sono destinati ad esserlo in modo permanente per la loro utilizzazione.
Sono mobili tutti gli altri beni.

Art. 813.
Distinzione dei diritti.
Salvo che dalla legge risulti diversamente, le disposizioni concernenti i beni immobili si applicano anche ai diritti reali che hanno per oggetto beni immobili e alle azioni relative; le disposizioni concernenti i beni mobili si applicano a tutti gli altri diritti.

Art. 814.
Energie.
Si considerano beni mobili le energie naturali che hanno valore economico.

Art. 815.
Beni mobili iscritti in pubblici registri.
I beni mobili iscritti in pubblici registri sono soggetti alle disposizioni che li riguardano e, in mancanza, alle disposizioni relative ai beni mobili.

Capo III

Dell'universalità di beni (universalità patrimoniale)

L'art. 816 c.c., integralmente riportato, definisce l'universalità di beni la pluralità di cose che appartengono alla stessa persona intese una come universalità di fatto come ad esempio il gregge di animali, laddove esiste anche la pecora singola, appartenendo però ad un unico soggetto il gregge ha il suo valore economico particolare e si distingue dalla cosa composta perché non vi è coesione fisica fra le varie cose.

Si distingue anche perché manca il vincolo della subordinazione, l'una cosa non è posta al servizio dell'altra.

Esiste anche l'universalità dei diritti giuridica ma opera solo nel campo ereditario e nel campo delle successioni.

Si può essere titolare di una universalità di beni ma si può essere anche usufruttuari, tuttavia è importante sapere che per la universalità di beni pur essendo per lo più beni mobili non si applica il principio del possesso vale titolo, occorre quindi oltre alla trasmissione anche il possesso ultra decennale – acquisto per usucapione.

Art. 816.
Universalità di mobili.
E' considerata universalità di mobili la pluralità di cose che appartengono alla stessa persona e hanno una destinazione unitaria. Le singole cose componenti l'universalità possono formare oggetto di separati atti e rapporti giuridici.

Capo IV

Delle pertinenze

L'art. 817 c.c., interamente riportato, definisce le pertinenze le cose destinate in modo durevole a servizio o ad ornamento di un'altra cosa.
La destinazione può essere effettuata dal proprietario della cosa principale o da chi ha un diritto reale sulla medesima.

Le pertinenze sono quindi le cose destinate in modo durevole al servizio ed al mantenimento della cosa principale, in altre parole il rapporto pertinenziale non può essere né occasionale né temporaneo.
Per aversi la pertinenza oltre all'elemento oggettivo cioè del rapporto di servizio od ornamento di un bene rispetto all'altro è anche necessario l'elemento soggettivo ossia la volontà del proprietario del bene principale di destinare quel bene come strumentale rispetto al bene principale.

Le pertinenze sono in ogni caso un unicum con il bene principale ed il vincolo giuridico è di natura reale.

Le pertinenze possono essere da:
- immobile ad immobile ad esempio l'autorimessa destinata al servizio di una abitazione;
- mobile ad immobile come ad esempio la cucina a gas o lo scaldabagno;
- da mobile a mobile come ad esempio un paracadute di un aereo.

Le pertinenze vengono meno il perimento della destinazione per separazione o per estinzione del bene principale o perché non più necessario.

Si riportano, al fine di una miglior comprensione, gli art. dal 817 c.c al 819 c.c., relativi alle pertinenze.

Art. 817.
Pertinenze.

Sono pertinenze le cose destinate in modo durevole a servizio o ad ornamento di un'altra cosa.

La destinazione può essere effettuata dal proprietario della cosa principale o da chi ha un diritto reale sulla medesima.

Art. 818.
Regime delle pertinenze.

Gli atti e i rapporti giuridici che hanno per oggetto la cosa principale comprendono anche le pertinenze, se non è diversamente disposto.

Le pertinenze possono formare oggetto di separati atti o rapporti giuridici.

La cessazione della qualità di pertinenza non è opponibile ai terzi i quali abbiano anteriormente acquistato diritti sulla cosa principale.

Art. 819.
Diritti dei terzi sulle pertinenze.

La destinazione di una cosa al servizio o all'ornamento di un'altra non pregiudica i diritti preesistenti su di essa a favore dei terzi . Tali diritti non possono essere opposti ai terzi di buona fede se non risultano da scrittura avente data certa anteriore, quando la cosa principale è un bene immobile o un bene mobile iscritto in pubblici registri .

Capo V

Dei frutti

Il codice civile negli art. 820 e 821 descrive cosa si intende per frutti, suddividendoli in frutti naturali, frutti civili e trattando nello specifico l'acquisto dei frutti.

I frutti naturali appartengono al proprietario della cosa che li produce.
Essi acquistano una propria individualità giuridica solo al momento in cui sono separati dalla cosa stessa.
Nel caso in cui fossero venduti a terzi prima della separazione, la proprietà viene trasferita solo dopo questo momento e i frutti sono dunque da considerarsi come cose future.
La giurisprudenza ha temperato questo principio. Ha ritenuto che l'autonomia giuridica dei frutti non possa aversi già al momento della separazione ma solo alla maturazione.
La vendita dei frutti pendenti, fino al momento della separazione, ha comunque natura meramente obbligatoria e non traslativa (rientra nella precedentemente citata vendita di cosa futura).
Quindi, se dopo la vendita o prima della separazione un terzo costituisce un vincolo avente efficacia *erga omnes* sui frutti ancora pendenti, avvenuta la separazione, l'acquisto della proprietà da parte del compratore è inefficace nei confronti del creditore pignorante, salvo la prova dell'anteriorità dell'acquisto.

I frutti civili sono invece gli interessi dei capitali, le rendite vitalizie, il corrispettivo delle locazione, i dividendi azionari e obbligazionari, i diritti d'autore.
I frutti civili si acquistano giorno per giorno, in ragione della durata del diritto.

Art. 820.
Frutti naturali e frutti civili.
Sono frutti naturali quelli che provengonodirettamente dalla cosa, vi concorra o no l'opera dell'uomo, come i prodotti agricoli, la legna, i parti degli animali, i prodotti delle miniere, cave e torbiere.
Finche' non avviene la separazione, i frutti formano parte della cosa. Si puo' tuttavia disporre di essi come di cosa mobile futura.

Sono frutti civili quelli che si ritraggono dalla cosa come corrispettivo del godimento che altri ne abbia. Tali sono gli interessi dei capitali, i canoni enfiteutici, le rendite vitalizie e ogni altra rendita, il corrispettivo delle locazioni.

Art. 821.
Acquisto dei frutti.
I frutti naturali appartengono al proprietario della cosa che li produce, salvo che la loro proprieta' sia attribuita ad altri. In quest'ultimo caso la proprieta' si acquista con la separazione.
Chi fa propri i frutti deve, nei limiti del loro valore, rimborsare colui che abbia fatto spese per la produzione e il raccolto.
I frutti civili si acquistano giorno per giorno, in ragione della durata del diritto.

Capo VI

Delle caratteristiche dei diritti reali

Il diritto reale è un diritto individuale caratteristico che conferisce al responsabile un potere assoluto e diretto su una cosa.

Come già precedentemente anticipato, le caratteristiche principali di tali diritti sono le seguenti:

- **Assolutezza:** il possessore può far valere il preciso diritto erga omnes e tutti i consociati hanno un compito di privarsi dal tenere qualsivoglia tipo di influsso nell' esercizio di tale diritto.

- **Diritto di seguito:** il responsabile potrà inseguire il diritto nei confronti di qualunque soggetto, in quanto il diritto è costantemente collegato al bene e non al soggetto. Ad esempio, se Tizio vende a Caio un bene su cui sempronio vanta un diritto di usufrutto, quest' ultimo potrà contestare il proprio diritto

  all'acquirente Caio.

- **Immediatezza:** il responsabile può appagare il proprio interesse in maniera diretta e non mediata sul bene (a differenza di ciò che accade per i diritti di credito dove il possessore per soddisfarsi dovrà avvalersi della collaborazione.

- **Tipicità:** sono ammessi solo i diritti tipizzati dall' autore di leggi.

I diritti reali si suddividono in **diritti reali di godimento,** quale correlativo dei cosiddetti diritti reali di godimento su cosa altrui (o diritti reali minori), e **diritti reali di garanzia**.

Il diritto reale di godimento per antonomasia è la proprietà, quelli di garanzia sono il pegno e l' ipoteca. Quelli su cosa altrui sono l'uso, l'usufrutto, l'enfiteusi, la superficie e la servitù. I diritti reali nel codice civile italiano sono argomentati dal terzo libro del codice civile, "sulla proprietà", che è dedicato più genericamente ai diritti reali, cioè ai diritti che l'uomo può esercitare sui beni suscettibili che si trovano nella sua sfera di supervisione o di esercizio.

I beni sono normalmente oggetto di tale diritto.

Sezione I

Della tipicità dei diritti reali

Secondo l'opinione abituale, i diritti reali nell'ordinamento giudiziario italiano sono "tipici", il che significa che non se ne possono plasmare di diversi da quelli elencati e disciplinati obbligatoriamente dalla legge.

Per questa tendenza la finalità caratteristica di ognuno di essi è fissata dalla legge e il titolo dal quale traggono provenienza può integrarne il contenuto, ma non piegarli ad assolvere una finalità diversa.

Già da alcuni anni, tuttavia, questa affermazione è abbondantemente contestata.

La dottrina più attenta al mutamento della società e dei traffici economici afferma, al contrario, che nell'ordinamento ben possono aver accesso diritti reali atipici.

Paradigmatica è l'ipotesi del diritto di multiproprietà (anche nota come proprietà turnaria).

Capo VII

Della classificazione dei diritti reali

Nel nostro sistema giuridico i diritti reali sono a numero chiuso, e tra di essi spicca il diritto di proprietà.

I diritti reali sono quindi diritti assoluti, ma hanno una specifica classificazione:

1. **Diritti su propria cosa,** unico diritto di tal genere è il diritto di proprietà;
2. **Diritti reali di godimento** che invece comprino il diritto di proprietà in una intensità diversa a seconda del tipo: a) enfiteusi, b) superficie, c) usufrutto, d) uso, e) abitazione, f) servitù.
3. **Diritti reali di garanzia**

Si distinguono in:
- **diritti reali di godimento**
  - il diritto di superficie,
  - l'enfiteusi,
  - l'usufrutto,
  - l'uso,
  - l'abitazione,
  - le servitù prediali.

- **diritti reali di garanzia**
  - il pegno,
  - l'ipoteca.

Titolo II

Della proprietà

Capo I

Del contenuto del diritto

La proprietà costituisce una titolarità giuridica che consente la più ampia disponibilità per il titolare del diritto e per questo si differenza dagli altri diritti reali che viceversa "limitano" la proprietà privata tuttavia tutti i diritti reali si perdono o meglio si possono perdere per il non uso.

Con i diritti reali diversi dalla proprietà si acquistano dei poteri di godimento sulla cosa altrui, pensiamo alla servitù di passaggio o all'usufrutto.

L'art. 832 c.c., integralmente riportato, afferma che il proprietario ha il diritto di disporre del bene in forma esclusiva di goderne liberamente ovviamente con delle limitazioni.

Diritto al godimento ossia il diritto se e come utilizzare il bene di cui sono proprietario ma nell'ambito della destinazione di volta in volta fissata dal legislatore pensiamo ai vincoli di edificabilità o ai vicoli urbanistici.

- **Pienezza** del diritto, quindi, libero godimento ma ovviamente lecito: non è consentito l'uso illecito della cosa;

- **Esclusività** del diritto sia nel caso di un unico proprietario sia nel caso di comproprietà nessuno può sostituirsi al proprietario;
- **Elasticità** del diritto, il proprietario può esprimerlo come meglio crede anche limitandolo massimamente concedendo l'usufrutto.

Il proprietario in questo caso può solo compiere un unico atto di disposizione che è la vendita della "nuda" proprietà, l'acquirente non può goderne.

Il diritto di proprietà è inoltre imprescrittibile salvo l'usucapione che si dovesse compiere su quel bene da parte di un soggetto terzo.

Secondo la tesi dell'autore, il condominio più soggetto titolare di diritti reali.

Art. 832.
Contenuto del diritto.
Il proprietario ha diritto di godere e disporre delle cose in modo pieno ed esclusivo, entro i limiti e con l'osservanza degli obblighi stabiliti dall'ordinamento giuridico.

Capo II

Degli atti emulativi

L'art. C.c. 833, integralmente riporta, afferma che il proprietario di un bene ha un limite, ossia non può fare atti il cui intento o scopo sia di nuocere o recare molestia ad altri

Il divieto è evidente: nell'esercizio dell'attività il proprietario non può con dolo recare molestia a terzi.

Art. 833.
Atti d'emulazione.
Il proprietario non puo' fare atti i quali non abbiano altro scopo che quello di nuocere o recare molestia ad altri.

Capo III

Del divieto di immissioni

È naturale tuttavia che senza dolo la normale attività di un soggetto proprietario di un terreno, di un fondo, di un immobile possa recare molestia ad un altro, pensiamo ai rumori che derivano da una normale attività, quindi il fumo, calore o qualsiasi altro genere di immissione.

In questo caso tali immissioni devono essere tollerate, naturalmente in questo caso il legislatore ha posto dei limiti che se superati eccedono la normale tollerabilità e quindi non sono ammissibili.

Tale limite può essere superato in caso di attività produttive ma fino ad un certo punto, le eventuale immissione nocive ed intollerabili, il vicino può chiedere al giudice che queste cessino salvo il risarcimento del danno.

A tal proposito, riporto integralmente l'art. 844. c.c.

Art. 844.
Immissioni.
Il proprietario di un fondo non può impedire le immissioni di fumo o di calore, le esalazioni, i rumori, gli scuotimenti e simili propagazioni derivanti dal fondo del vicino, se non superano la normale tollerabilità (659 c.p.), avuto anche riguardo alla condizione dei luoghi (833; 674 c.p.).
Nell'applicare questa norma l'autorità giudiziaria deve contemperare le esigenze della produzione con le ragioni della proprietà (912). Può tener conto della priorità di un determinato uso (890).

Capo IV

Della proprietà edilizia

Il legislatore si è assunto il compito di disciplinare e governare l'assetto del territorio in modo da garantire un ordinato sviluppo degli immobili abitativi e commerciali nonché delle aree verdi adibite a svago ed ornamento della proprietà edilizia.

La disciplina urbanistica inizia ad essere disciplinata dalla legge urbanistica fondamentale n° 1150 del 1942, la quale demanda alla normativa degli enti locali il compiuto assetto della regolamentazione del territorio.

Trattasi in buona sostanza dei piani regolatori generali, provvedimenti aventi natura generale e astratta e frutto della partecipazione del comune e della regione, nonché dei piani particolareggiati e delle convenzioni urbanistiche che prevedono la partecipazione fattiva dei privati.

Elemento indefettibile ai fini della realizzazione dei fabbricati costituisce il regolamento edilizio previsto e disciplinato all'art. 871 del codice civile: tale atto amministrativo contiene le norme generali in tema di decoro urbanistico, di distanze legali, di realizzazione cubatura, la cui violazione comporta l'erogazione in capo ai privati di sanzioni amministrative.

Le norme del regolamento edilizio non incidono nei rapporti tra privati ma, colui che per effetto della violazione di una norma regolamentare ha subito un danno, deve essere risarcito, salva la facoltà della riduzione in pristino quando si tratta del rispetto delle distanze legali o della disciplina in materia di luci e vedute.

Al fine di una maggior comprensione, si riportano gli articoli dall'869 al 872 c.c.

Art. 869.
Piani regolatori.
I proprietari d'immobili nei comuni dove sono formati piani regolatori devono osservare le prescrizioni dei piani stessi nelle costruzioni e nelle riedificazioni o modificazioni delle costruzioni esistenti.

Art. 870.
Comparti.
Quando è prevista la formazione di comparti, costituenti unità fabbricabili con speciali modalità di costruzione e di adattamento, gli aventi diritto sugli immobili compresi nel comparto devono regolare i loro reciproci rapporti in modo da rendere possibile l'attuazione del piano. Possono anche riunirsi in consorzio per l'esecuzione delle opere. In mancanza di accordo, può procedersi alla espropriazione a norma delle leggi in materia.

Art. 871.
Norme di edilizia e di ornato pubblico.
Le regole da osservarsi nelle costruzioni sono stabilite dalla legge speciale e dai regolamenti edilizi comunali.
La legge speciale stabilisce altresì le regole da osservarsi per le costruzioni nelle località sismiche.

Art. 872.
Violazione delle norme di edilizia.
Le conseguenze di carattere amministrativo della violazione delle norme indicate dall'articolo precedente sono stabilite da leggi speciali.
Colui che per effetto della violazione ha subìto danno deve esserne risarcito, salva la facoltà di chiedere la riduzione in pristino quando si tratta della violazione delle norme contenute nella sezione seguente o da questa richiamate .

Capo V

Dei limiti legali alla proprietà privata, delle distanze nelle costruzioni, piantagioni e scavi, e dei muri, fossi siepi interposti tra i fondi

I limiti legali posti dall'ordinamento giuridico si distinguono i due grandi categorie, limiti posti nell'interesse pubblico e limiti posti nell'interesse privato.

I primi sono naturalmente quelli di gran lunga i più importanti, pensiamo allo sfruttamento del sottosuolo, pur estendendosi la proprietà in senso verticale all'infinito o conseguentemente al passaggio degli aeri, ma anche le distanze legali tra le costruzioni oppure dalle autostrade, dagli aeroporti, oppure le soggezioni ed imposizioni sì di un fondo per assicurare le utilità pubbliche come i tralicci della corrente elettrica o gli acquedotti.

Merita ovviamente particolare attenzione l'espropriazione per pubblica utilità, pensiamo alla costruzione di una autostrada.

In questo caso per l'attuazione delle opere pubbliche lo stato ricorre appunto all'espropriazione, ossia un trasferimento coatto di beni oggetto della proprietà a favore del soggetto che realizzerà l'opera pubblica.

Il proprietario ha diritto ad un indennizzo.

L'art.42 della costituzione dispone che la proprietà privata può essere, nei casi previsti dalla legge, e salvo indennizzo, espropriata per motivi di interesse generale.

I limiti posti nell'interesse privato concernono la proprietà immobiliare e regolano i rapporti tra le proprietà vicine e sono disciplinati dagli artt. 873 e seguenti del codice civile: le distanze nelle costruzioni e nelle piantagioni che nel caso non siano disciplinati dalle pubbliche amministrazioni non possono essere inferiori ai tre metri.

Si riportano ora per intero tutti gli articoli del codice civile riguardanti i limiti.

Art. 873.
Distanze nelle costruzioni.
Le costruzioni su fondi finitimi, se non sono unite o aderenti, devono essere tenute a distanza non minore di tre metri. Nei regolamenti locali può essere stabilita una distanza maggiore .

Art. 874.
Comunione forzosa del muro sul confine.
Il proprietario di un fondo contiguo al muro altrui può chiederne la comunione per tutta l'altezza o per parte di essa, purché lo faccia per tutta l'estensione della sua proprietà. Per ottenere la comunione deve pagare la metà del valore del muro, o della parte di muro resa comune, e la metà del valore del suolo su cui il muro è costruito. Deve inoltre eseguire le opere che occorrono per non danneggiare il vicino.

Art. 875.
Comunione forzosa del muro che non è sul confine.
Quando il muro si trova ad una distanza dal confine minore di un metro e mezzo ovvero a distanza minore della metà di quella stabilita dai regolamenti locali, il vicino può chiedere la comunione del muro soltanto allo scopo di fabbricare contro il muro stesso, pagando, oltre il valore della metà del muro, il valore del suolo da occupare con la nuova fabbrica, salvo che il proprietario preferisca estendere il suo muro sino al confine .
Il vicino che intende domandare la comunione deve interpellare preventivamente il proprietario se preferisca di estendere il muro al confine o di procedere alla sua demolizione. Questi deve manifestare la propria volontà entro il termine di giorni quindici e deve procedere alla costruzione o alla demolizione entro sei mesi dal giorno in cui ha comunicato la risposta.

Art. 876.
Innesto nel muro sul confine.
Se il vicino vuole servirsi del muro esistente sul confine solo per innestarvi un capo del proprio muro, non ha l'obbligo di renderlo comune a norma dell'articolo 874, ma deve pagare una indennità per l'innesto.

Art. 877.
Costruzioni in aderenza.
Il vicino, senza chiedere la comunione del muro posto sul confine, può costruire sul confine stesso in aderenza, ma senza appoggiare la sua fabbrica a quella preesistente.

Questa norma si applica anche nel caso previsto dall'articolo 875; il vicino in tal caso deve pagare soltanto il valore del suolo.

Art. 878.
Muro di cinta.
Il muro di cinta e ogni altro muro isolato che non abbia un'altezza superiore ai tre metri non è considerato per il computo della distanza indicata dall'articolo 873.

Esso, quando è posto sul confine, può essere reso comune anche a scopo d'appoggio, purché non preesista al di là un edificio a distanza inferiore ai tre metri.

Art. 879.
Edifici non soggetti all'obbligo delle distanze o a comunione forzosa.
Alla comunione forzosa non sono soggetti gli edifici appartenenti al demanio pubblico e quelli soggetti allo stesso regime, né gli edifici che sono riconosciuti di interesse storico, archeologico o artistico, a norma delle leggi in materia. Il vicino non può neppure usare della facoltà concessa dall'articolo 877.

Alle costruzioni che si fanno in confine con le piazze e le vie pubbliche non si applicano le norme relative alle distanze, ma devono osservarsi le leggi e i regolamenti che le riguardano .

Art. 880.
Presunzione di comunione del muro divisorio.
Il muro che serve di divisione tra edifici si presume comune fino alla sua sommità e, in caso di altezze ineguali, fino al punto in cui uno degli edifici comincia ad essere più alto.

Si presume parimenti comune il muro che serve di divisione tra cortili, giardini e orti o tra recinti nei campi.

Art. 881.
Presunzione di proprietà esclusiva del muro divisorio.
Si presume che il muro divisorio tra i campi, cortili, giardini od orti

appartenga al proprietario del fondo verso il quale esiste il piovente e in ragione del piovente medesimo.

Se esistono sporti, come cornicioni, mensole e simili, o vani che si addentrano oltre la metà della grossezza del muro, e gli uni e gli altri risultano costruiti col muro stesso, si presume che questo spetti al proprietario dalla cui parte gli sporti o i vani si presentano, anche se vi sia soltanto qualcuno di tali segni.

Se uno o più di essi sono da una parte, e uno o più dalla parte opposta, il muro è reputato comune: in ogni caso la positura del piovente prevale su tutti gli altri indizi.

Art. 882.
Riparazioni del muro comune.

Le riparazioni e le ricostruzioni necessarie del muro comune sono a carico di tutti quelli che vi hanno diritto e in proporzione del diritto di ciascuno, salvo che la spesa sia stata cagionata dal fatto di uno dei partecipanti.

Il comproprietario di un muro comune può esimersi dall'obbligo di contribuire nelle spese di riparazione e ricostruzione, rinunziando al diritto di comunione, purché il muro comune non sostenga un edificio di sua spettanza.

La rinunzia non libera il rinunziante dall'obbligo delle riparazioni e ricostruzioni a cui abbia dato causa col fatto proprio.

Art. 883.
Abbattimento di edificio appoggiato al muro comune.

Il proprietario che vuole atterrare un edificio sostenuto da un muro comune può rinunziare alla comunione di questo, ma deve farvi le riparazioni e le opere che la demolizione rende necessarie per evitare ogni danno al vicino.

Art. 884.
Appoggio e immissione di travi e catene nel muro comune.

Il comproprietario di un muro comune può fabbricare appoggiandovi le sue costruzioni e può immettervi travi, purché le mantenga a distanza di cinque centimetri dalla superficie opposta, salvo il diritto dell'altro comproprietario di fare accorciare la trave fino alla metà del muro, nel caso in cui egli voglia collocare una trave nello stesso luogo, aprirvi un incavo o appoggiarvi un camino. Il comproprietario può anche attraversare il muro comune con chiavi e catene di rinforzo, *mantenendo la stessa distanza. Egli è tenuto in ogni caso a riparare i danni causati dalle opere compiute.*

Non può fare incavi nel muro comune, né eseguirvi altra opera che ne comprometta la stabilità o che in altro modo lo danneggi.

Art. 885.
Innalzamento del muro comune.

Ogni comproprietario può alzare il muro comune, ma sono a suo carico tutte le spese di costruzione e conservazione della parte sopraedificata. Anche questa può dal vicino essere resa comune a norma dell'articolo 874.

Se il muro non è atto a sostenere la sopraedificazione, colui che l'esegue è tenuto a ricostruirlo o a rinforzarlo a sue spese. Per il maggiore spessore che sia necessario, il muro deve essere costruito sul suolo proprio, salvo che esigenze tecniche impongano di costruirlo su quello del vicino. In entrambi i casi il muro ricostruito o ingrossato resta di proprietà comune, e il vicino deve essere indennizzato di ogni danno prodotto dall'esecuzione delle opere. Nel secondo caso il vicino ha diritto di conseguire anche il valore della metà del suolo occupato per il maggiore spessore.

Qualora il vicino voglia acquistare la comunione della parte sopraelevata del muro, si tiene conto, nel calcolare il valore di questa, anche delle spese occorse per la ricostruzione o per il rafforzamento.

Art. 886.
Costruzione del muro di cinta.

Ciascuno può costringere il vicino a contribuire per metà nella spesa di costruzione dei muri di cinta che separano le rispettive case, i cortili e i giardini posti negli abitati. L'altezza di essi, se non è diversamente determinata dai regolamenti locali o dalla convenzione, deve essere di tre metri.

Art. 887.
Fondi a dislivello negli abitati.

Se di due fondi posti negli abitati uno è superiore e l'altro inferiore, il proprietario del fondo superiore deve sopportare per intero le spese di costruzione e conservazione del muro dalle fondamenta all'altezza del proprio suolo, ed entrambi i proprietari devono contribuire per tutta la restante altezza.

Il muro deve essere costruito per metà sul terreno del fondo inferiore e per metà sul terreno del fondo superiore.

Art. 888.
Esonero dal contributo nelle spese.
Il vicino si può esimere dal contribuire nelle spese di costruzione del muro di cinta o divisorio, cedendo, senza diritto a compenso, la metà del terreno su cui il muro di separazione deve essere costruito. In tal caso il muro è di proprietà di colui che l'ha costruito, salva la facoltà del vicino di renderlo comune ai sensi dell'articolo 874, senza obbligo però di pagare la metà del valore del suolo su cui il muro è stato costruito.

Art. 889.
Distanze per pozzi, cisterne, fosse e tubi.
Chi vuole aprire pozzi, cisterne, fosse di latrina o di concime presso il confine, anche se su questo si trova un muro divisorio, deve osservare la distanza di almeno due metri tra il confine e il punto più vicino del perimetro interno delle opere predette.
Per i tubi d'acqua pura o lurida, per quelli di gas e simili e loro diramazioni deve osservarsi la distanza di almeno un metro dal confine.
Sono salve in ogni caso le disposizioni dei regolamenti locali.

Art. 890.
Distanze per fabbriche e depositi nocivi o pericolosi.
Chi presso il confine, anche se su questo si trova un muro divisorio, vuole fabbricare forni, camini, magazzini di sale, stalle e simili, o vuol collocare materie umide o esplodenti o in altro modo nocive, ovvero impiantare macchinari, per i quali può sorgere pericolo di danni, deve osservare le distanze stabilite dai regolamenti e, in mancanza, quelle necessarie a preservare i fondi vicini da ogni danno alla solidità, salubrità e sicurezza.

Art. 891.
Distanze per canali e fossi.
Chi vuole scavare fossi o canali presso il confine, se non dispongono in modo diverso i regolamenti locali, deve osservare una distanza eguale alla profondità del fosso o canale. La distanza si misura dal confine al ciglio della sponda più vicina, la quale deve essere a scarpa naturale ovvero munita di opere di sostegno. Se il confine si trova in un fosso

comune o in una via privata, la distanza si misura da ciglio a ciglio o dal ciglio al lembo esteriore della via .

Art. 892.
Distanze per gli alberi.
Chi vuol piantare alberi presso il confine deve osservare le distanze stabilite dai regolamenti e, in mancanza, dagli usi locali. Se gli uni e gli altri non dispongono, devono essere osservate le seguenti distanze dal confine:
1) tre metri per gli alberi di alto fusto. Rispetto alle distanze, si considerano alberi di alto fusto quelli il cui fusto, semplice o diviso in rami, sorge ad altezza notevole, come sono i noci, i castagni, le querce, i pini, i cipressi, gli olmi, i pioppi, i platani e simili ;
2) un metro e mezzo per gli alberi di non alto fusto. Sono reputati tali quelli il cui fusto, sorto ad altezza non superiore a tre metri, si diffonde in rami;
3) mezzo metro per le viti, gli arbusti, le siepi vive, le piante da frutto di altezza non maggiore di due metri e mezzo.
La distanza deve essere però di un metro, qualora le siepi siano di ontano, di castagno o di altre piante simili che si recidono periodicamente vicino al ceppo, e di due metri per le siepi di robinie.
La distanza si misura dalla linea del confine alla base esterna del tronco dell'albero nel tempo della piantagione, o dalla linea stessa al luogo dove fu fatta la semina.
Le distanze anzidette non si devono osservare se sul confine esiste un muro divisorio, proprio o comune, purché le piante siano tenute ad altezza che non ecceda la sommità del muro .

Art. 893.
Alberi presso strade, canali e sul confine di boschi.
Per gli alberi che nascono o si piantano nei boschi, sul confine con terreni non boschivi, o lungo le strade o le sponde dei canali, si osservano, trattandosi di boschi, canali e strade di proprietà privata, i regolamenti e, in mancanza, gli usi locali. Se gli uni e gli altri non dispongono, si osservano le distanze prescritte dall'articolo precedente.

Art. 894.
Alberi a distanza non legale.
Il vicino può esigere che si estirpino gli alberi e le siepi che sono piantati o nascono a distanza minore di quelle indicate dagli articoli

precedenti .

Art. 895.
Divieto di ripiantare alberi a distanza non legale.
Se si è acquistato il diritto di tenere alberi a distanza minore di quelle sopra indicate, e l'albero muore o viene reciso o abbattuto, il vicino non può sostituirlo, se non osservando la distanza legale.
La disposizione non si applica quando gli alberi fanno parte di un filare situato lungo il confine.

Art. 896.
Recisione di rami protesi e di radici.
Quegli sul cui fondo si protendono i rami degli alberi del vicino può in qualunque tempo costringerlo a tagliarli, e può egli stesso tagliare le radici che si addentrano nel suo fondo, salvi però in ambedue i casi i regolamenti e gli usi locali.
Se gli usi locali non dispongono diversamente, i frutti naturalmente caduti dai rami protesi sul fondo del vicino appartengono al proprietario del fondo su cui sono caduti.
Se a norma degli usi locali i frutti appartengono al proprietario dell'albero, per la raccolta di essi si applica il disposto dell'articolo 843.

Art. 896-bis.
Distanze minime per gli apiari.
Gli apiari devono essere collocati a non meno di dieci metri da strade di pubblico transito e a non meno di cinque metri dai confini di proprietà pubbliche o private.
Il rispetto delle distanze di cui al primo comma non è obbligatorio se tra l'apiario e i luoghi ivi indicati esistono dislivelli di almeno due metri o se sono interposti, senza soluzioni di continuità, muri, siepi o altri ripari idonei a non consentire il passaggio delle api. Tali ripari devono avere una altezza di almeno due metri. Sono comunque fatti salvi gli accordi tra le parti interessate.
Nel caso di accertata presenza di impianti industriali saccariferi, gli apiari devono rispettare una distanza minima di un chilometro dai suddetti luoghi di produzione.

Art. 897.
Comunione di fossi.
Ogni fosso interposto tra due fondi si presume comune.

Si presume che il fosso appartenga al proprietario che se ne serve per gli scoli delle sue terre, o al proprietario del fondo dalla cui parte è il getto della terra o lo spurgo ammucchiatovi da almeno tre anni.
Se uno o più di tali segni sono da una parte e uno o più dalla parte opposta, il fosso si presume comune.

Art. 898.
Comunione di siepi.
Ogni siepe tra due fondi si presume comune ed è mantenuta a spese comuni, salvo che vi sia termine di confine o altra prova in contrario.
Se uno solo dei fondi è recinto, si presume che la siepe appartenga al proprietario del fondo recinto, ovvero di quello dalla cui parte si trova la siepe stessa in relazione ai termini di confine esistenti.

Art. 899.
Comunione di alberi.
Gli alberi sorgenti nella siepe comune sono comuni.
Gli alberi sorgenti sulla linea di confine si presumono comuni, salvo titolo o prova in contrario.
Gli alberi che servono di limite o che si trovano nella siepe comune non possono essere tagliati, se non di comune consenso o dopo che l'autorità giudiziaria abbia riconosciuto la necessità o la convenienza del taglio.

Capo VI

Delle luci e delle vedute

Le luci e le vedute sono regolamentate contemperando le esigenze tra i confinati; le luci che danno il passaggio alla luce ed all'aria non possono affacciarsi sul fondo del vicino; le vedute sono finestre che permettono di affacciarsi e guardare di fronte.

Per comprendere meglio le varie regolamentazioni riguardanti luci e vedute, riporto gli art. dal 900 al 907 del codice civile.

Art. 900.
Specie di finestre.
Le finestre o altre aperture sul fondo del vicino sono di due specie: luci, quando danno passaggio alla luce e all'aria, ma non permettono di affacciarsi sul fondo del vicino; vedute o prospetti, quando permettono di affacciarsi e di guardare di fronte, obliquamente o lateralmente.

Art. 901.
Luci.
Le luci che si aprono sul fondo del vicino devono:
1) essere munite di un'inferriata idonea a garantire la sicurezza del vicino e di una grata fissa in metallo le cui maglie non siano maggiori di tre centimetri quadrati;
2) avere il lato inferiore a un'altezza non minore di due metri e mezzo dal pavimento o dal suolo del luogo al quale si vuole dare luce e aria, se esse sono al piano terreno, e non minore di due metri se sono ai piani superiori;
3) avere il lato inferiore a un'altezza non minore di due metri e mezzo dal suolo del fondo vicino, a meno che si tratti di locale che sia in tutto o in parte a livello inferiore al suolo del vicino e la condizione dei luoghi non consenta di osservare l'altezza stessa.

Art. 902.
Apertura priva dei requisiti prescritti per le luci.
L'apertura che non ha i caratteri di veduta o di prospetto è considerata come luce, anche se non sono state osservate le prescrizioni indicate dall'articolo 901.

Il vicino ha sempre il diritto di esigere che essa sia resa conforme alle prescrizioni dell'articolo predetto.

Art. 903.
Luci nel muro proprio o nel muro comune.
Le luci possono essere aperte dal proprietario del muro contiguo al fondo altrui.

Se il muro è comune, nessuno dei proprietari può aprire luci senza il consenso dell'altro; ma chi ha sopraelevato il muro comune può aprirle nella maggiore altezza a cui il vicino non abbia voluto contribuire.

Art. 904.
Diritto di chiudere le luci.
La presenza di luci in un muro non impedisce al vicino di acquistare la comunione del muro medesimo né di costruire in aderenza.

Chi acquista la comunione del muro non può chiudere le luci se ad esso non appoggia il suo edificio.

Art. 905.
Distanza per l'apertura di vedute dirette e balconi.
Non si possono aprire vedute dirette verso il fondo chiuso o non chiuso e neppure sopra il tetto del vicino, se tra il fondo di questo e la faccia esteriore del muro in cui si aprono le vedute dirette non vi è la distanza di un metro e mezzo.

Non si possono parimenti costruire balconi o altri sporti, terrazze, lastrici solari e simili, muniti di parapetto che permetta di affacciarsi sul fondo del vicino, se non vi è la distanza di un metro e mezzo tra questo fondo e la linea esteriore di dette opere.

Il divieto cessa allorquando tra i due fondi vicini vi è una via pubblica.

Art. 906.
Distanza per l'apertura di vedute laterali od oblique.
Non si possono aprire vedute laterali od oblique sul fondo del vicino se non si osserva la distanza di settantacinque centimetri, la quale deve misurarsi dal più vicino lato della finestra o dal più vicino sporto.

Art. 907.
Distanza delle costruzioni dalle vedute.
Quando si è acquistato il diritto di avere vedute dirette verso il fondo vicino, il proprietario di questo non può fabbricare a distanza minore

di tre metri, misurata a norma dell'articolo 905.
Se la veduta diretta forma anche veduta obliqua, la distanza di tre metri deve pure osservarsi dai lati della finestra da cui la veduta obliqua si esercita.
Se si vuole appoggiare la nuova costruzione al muro in cui sono le dette vedute dirette od oblique, essa deve arrestarsi almeno a tre metri sotto la loro soglia.

Capo VII

Dello stillicidio

Si definisce stillicidio lo scolo d'acqua uniforme e costante, determinato da eventi accidentali quali piovaschi, la cui regolamentazione viene disciplinata all'art. 908 del codice civile, secondo cui il proprietario deve costruire i tetti in maniera che le acque piovane scolino sul suo terreno non potendole fare cadere nel fondo del vicino.

Per una maggior comprensione, si riporta l'art. 908 c.c.

Art. 908.
Scarico delle acque piovane.

Il proprietario deve costruire i tetti in maniera che le acque piovane scolino nel suo terreno e non può farle cadere nel fondo del vicino.
Se esistono pubblici colatoi, deve provvedere affinché le acque piovane vi siano immesse con gronde o canali. Si osservano in ogni caso i regolamenti locali e le leggi sulla polizia idraulica.

Capo VIII

Delle acque

L'acqua, bene primario e fondamentale, tutelato anche dalla carta dei diritti dell'uomo, fa parte del demanio pubblico ove sia raccolta nei fiumi e nei laghi, mentre è del proprietario del suolo su cui la stessa insiste.

L'art. 914 prevede che, qualora per esigenze della produzione si debba provvedere ad opere di sistemazione degli scoli, di soppressione di ristagno di raccolta di acqua, l'autorità amministrativa può costituire anche d'ufficio un consorzio tra i proprietari dei fondi: trattasi dei cosiddetti consorzi di bonifica ai quali la legge attribuisce e riconosce potestà in positiva; gli atti emessi dal consorzio di bonifica possono infatti essere impugnati davanti all'autorità giudiziaria.

Si riportano gli artt. dal 909 al 921 del codice civile, che regolamentano quanto sopra descritto.

Art. 909.
Diritto sulle acque esistenti nel fondo.
Il proprietario del suolo ha il diritto di utilizzare le acque in esso esistenti, salve le disposizioni delle leggi speciali per le acque pubbliche e per le acque sotterranee.

Egli può anche disporne a favore d'altri, qualora non osti il diritto di terzi; ma, dopo essersi servito delle acque, non può divertirle in danno d'altri fondi.

Art. 910.
Uso delle acque che limitano o attraversano un fondo.
Il proprietario di un fondo limitato o attraversato da un'acqua non pubblica, che corre naturalmente e sulla quale altri non ha diritto, può, mentre essa trascorre, farne uso per l'irrigazione dei suoi terreni e per l'esercizio delle sue industrie, ma deve restituire le colature e gli avanzi al corso ordinario .

Art. 911.
Apertura di nuove sorgenti e altre opere.
Chi vuole aprire sorgenti, stabilire capi o aste di fonte e in genere eseguire opere per estrarre acque dal sottosuolo o costruire canali o

acquedotti, oppure scavarne, profondarne o allargarne il letto, aumentarne o diminuirne il pendio o variarne la forma, deve, oltre le distanze stabilite nell'articolo 891, osservare le maggiori distanze ed eseguire le opere che siano necessarie per non recare pregiudizio ai fondi altrui, sorgenti, capi o aste di fonte, canali o acquedotti preesistenti e destinati all'irrigazione dei terreni o agli usi domestici o industriali.

Art. 912.
Conciliazione di opposti interessi.

Se sorge controversia tra i proprietari a cui un'acqua non pubblica può essere utile, l'autorità giudiziaria deve valutare l'interesse dei singoli proprietari nei loro rapporti e rispetto ai vantaggi che possono derivare all'agricoltura o all'industria dall'uso a cui l'acqua è destinata o si vuol destinare.

L'autorità giudiziaria può assegnare un'indennità ai proprietari che sopportino diminuzione del proprio diritto.

In tutti i casi devono osservarsi le disposizioni delle leggi sulle acque e sulle opere idrauliche.

Art. 913.
Scolo delle acque.

Il fondo inferiore è soggetto a ricevere le acque che dal fondo più elevato scolano naturalmente, senza che sia intervenuta l'opera dell'uomo.

Il proprietario del fondo inferiore non può impedire questo scolo, né il proprietario del fondo superiore può renderlo più gravoso.

Se per opere di sistemazione agraria dell'uno o dell'altro fondo si rende necessaria una modificazione del deflusso naturale delle acque, è dovuta un'indennità al proprietario del fondo a cui la modificazione stessa ha recato pregiudizio.

Art. 914.
Consorzi per regolare il deflusso delle acque.

Qualora per esigenze della produzione si debba provvedere a opere di sistemazione degli scoli, di soppressione di ristagni o di raccolta di acque, l'autorità amministrativa, su richiesta della maggioranza degli interessati o anche d'ufficio, può costituire un consorzio tra i proprietari dei fondi che traggono beneficio dalle opere stesse.

Si applicano a tale consorzio le disposizioni del secondo e del terzo *comma dell'articolo 921.*

Art. 915.
Riparazione di sponde e argini.
Qualora le sponde o gli argini che servivano di ritegno alle acque siano stati in tutto o in parte distrutti o atterrati, ovvero per la naturale variazione del corso delle acque si renda necessario costruire nuovi argini o ripari, e il proprietario del fondo non provveda sollecitamente a ripararli o a costruirli, ciascuno dei proprietari che hanno sofferto o possono ricevere danno può provvedervi, previa autorizzazione del tribunale, che provvede in via d'urgenza .
Le opere devono essere eseguite in modo che il proprietario del fondo, in cui esse si compiono, non ne subisca danno, eccetto quello temporaneo causato dalla esecuzione delle opere stesse.

Art. 916.
Rimozione degli ingombri.
Le disposizioni dell'articolo precedente si applicano anche quando si tratta di togliere un ingombro formatosi sulla superficie di un fondo o in un fosso, rivo, colatoio o altro alveo, a causa di materie in essi impigliate, in modo che le acque danneggino o minaccino di danneggiare i fondi vicini.

Art. 917.
Spese per la riparazione, costruzione o rimozione.
Tutti i proprietari, ai quali torna utile che le sponde e gli argini siano conservati o costruiti e gli ingombri rimossi, devono contribuire nella spesa in proporzione del vantaggio che ciascuno ne ritrae.
Tuttavia, se la distruzione degli argini, la variazione delle acque o l'ingombro nei loro corsi deriva da colpa di alcuno dei proprietari, le spese di conservazione, di costruzione o di riparazione gravano esclusivamente su di lui, salvo in ogni caso il risarcimento dei danni.

Art. 918.
Consorzi volontari.
Possono costituirsi in consorzio i proprietari di fondi vicini che vogliano riunire e usare in comune le acque defluenti dal medesimo bacino di alimentazione o da bacini contigui.
L'adesione degli interessati e il regolamento del consorzio devono risultare da atto scritto.

Il regolamento del consorzio è deliberato dalla maggioranza calcolata in base all'estensione dei terreni a cui serve l'acqua.

Art. 919.
Scioglimento del consorzio.
Lo scioglimento del consorzio non ha luogo se non quando è deliberato da una maggioranza eccedente i tre quarti, o quando, potendosi la divisione effettuare senza grave danno, essa è domandata da uno degli interessati.

Art. 920.
Norme applicabili.
Salvo quanto è disposto dagli articoli precedenti, si applicano ai consorzi volontari ivi indicati le norme stabilite per la comunione.

Art. 921.
Consorzi coattivi.
Nel caso indicato dall'articolo 918, il consorzio può anche essere costituito d'ufficio dall'autorità amministrativa, allo scopo di provvedere a una migliore utilizzazione delle acque.
Per le forme di costituzione e il funzionamento si osservano le norme stabilite per i consorzi di miglioramento fondiario.
Il consorzio può anche procedere all'espropriazione dei singoli diritti, mediante il pagamento delle dovute indennità.

Capo IX

Dei modi di acquisto della proprietà

I modi di acquisto della proprietà si dividono in due categorie:

1. **A titolo originario** in cui l'acquisto non ha nessuna relazione con il diritto del precedente proprietario, pertanto non si ha la cosiddetta *traslatio*;

2. **A titolo derivativo** in cui il diritto passa da un soggetto all'altro ossia in questo caso si ha invece la *traslatio*, per quest'ultimi è importante ricordare che se cade per vizio qualsiasi il diritto del precedente proprietario o titolare, viene meno anche il diritto di chi da lui abbia acquistato (*resoluto iure dantis resolvitur et ius accipientis*).

I modi d'acquisto sono regolamentati dall'art. 922 c.c., che riporto integralmente.

Art. 922.
Modi di acquisto.
La proprietà si acquista per occupazione (923 e seguenti), per invenzione (927 e seguenti), per accessione (934 e seguenti), per specificazione (940), per unione o commistione (939), per usucapione (1158 e seguenti), per effetto di contratti (1376 e seguenti), per successione a causa di morte (456 e seguenti) e negli altri modi stabiliti dalla legge.

Sezione I

Dell'acquisto a titolo originario

1. Occupazione:

Presa di possesso di beni mobili che non sono in proprietà di nessuno come le res nullius o le cose abbandonate o res derelictae come le auto abbandonate. Sono esclusi i beni immobili in quanto se non hanno alcun proprietario sono di proprietà dello Stato.

2. Invenzione:

ha ad oggetto le cose smarrite da terze persone. In questo caso colui che le ritrova deve consegnarle al proprietario e se quest'ultimo non è reperibile al sindaco.
Trascorso un anno se il proprietario non comparare la cosa consegnata al sindaco diventa di proprietà di colui che l'ha trovata. Se, invece, entro l'anno comparare il proprietario, questi deve al ritrovatore un premio, una ricompensa proporzionale al valore della cosa smarrita.

3. Accessione:

è il caso di una proprietà preesistente ad esempio un terreno in questo caso le cose che si trovano sul terreno sono del proprietario, pensiamo ad un albero che prima non c'era. Abbiamo quindi un bene principale il terreno per intenderci ed un bene accessorio che diventa un unicum con il bene principale, tuttavia si distinguono l'accessione di mobile ad immobile, di immobile ad immobile a da immobile a mobile.

A) **Da mobile ad immobile** come nel caso delle piantagioni o della costruzione di un immobile in virtù del principio per il quale la proprietà in senso verticale si estende all'infinito tutto ciò che si trova sopra o sotto il terreno è di proprietà del titolare del suolo o del terreno;

B) **Da immobile ad immobile** in genere consiste nei cosiddetti incrementi fluviali;

C) **Da mobile a mobile** unione mescolanza di più cose mobile appartenenti a più proprietari in modo da formare un tutto inseparabile in questo caso la proprietà diventa comune.

4. Usucapione:

l'usucapione è di certo il modo si acquisto a titolo originario più importante ed ha ad oggetto solo i beni immobili.
Essa si definisce come mezzo in virtù del quale, per l'effetto del possesso protratto per un certo tempo si produce l'acquisto della proprietà o di altro diritto reale sull'immobile.
I requisiti dell'usucapione sono il possesso ed il tempo.
Il possesso deve essere continuo, ininterrotto, pacifico e pubblico.
Il tempo per l'usucapione è di anni venti.

5. Specificazione:

con la specificazione il legislatore attribuisce rilevanza e prevalenza al lavoro rispetto alla materia: se infatti taluno ha adoperato una materia che non gli apparteneva per formare una cosa nuova ne acquista la proprietà pagando al proprietario il prezzo della materia, salvo che il valore della materia sopravanzi notevolmente il valore della manodopera.
In questo caso la cosa rimane di proprietà del titolare della materia, il quale sarà unicamente tenuto a pagare il prezzo della manodopera.
Esempio: se Tizio reperisce della terracotta di proprietà di Caio e ne ricava una statuetta, la statuetta è di proprietà di Tizio, ad onta del fatto che la terracotta sia di proprietà di Caio. Al contrario se nell'esempio precedente Tizio ha trovato dell'oro di proprietà di Caio: in questo caso, la proprietà della statuetta d'oro rimane in capo a Tizio, poiché il valore della materia (oro) sopravanza il costo della manodopera.

Sezione II

Dell'acquisto a titolo derivativo

1. **Compravendita**: cioè il contratto che ha per oggetto il trasferimento della proprietà di una cosa o di un altro diritto verso il corrispettivo di un prezzo.

È il caso di ricordare che per i beni immobili la vendita deve assumere fa forma scritta ad substantiam ed è soggetta a trascrizione.

A questa pubblicità soggiace anche il trasferimento dei beni mobili registrati.

2. **Successione**: indica il mutamento del soggetto in un rapporto giuridico, colui che per effetto della successione perde il diritto si chiama dante causa, colui che lo acquista avente causa.

In questo schema vi rientra anche la compravendita, tuttavia con il termine successione si indica il passaggio di proprietà e di altri diritti in materia ereditaria.

3. **Donazione**: la donazione è definita all'art. 769 C.c. un "contratto" ed infatti per aversi la donazione è necessario l'incontro delle due volontà, quella del donante con l'animus donandi e quella dell'accettante che deve dichiarare la propria disponibilità.

4. **Altri modi previsti dalla legge:** per esempio la Confisca

Al fine di meglio comprendere, riporto integralmente gli articoli dal 923 al 947 c.c.

Art. 923.
Cose suscettibili di occupazione.
Le cose mobili che non sono proprietà di alcuno si acquistano con l'occupazione.

Tali sono le cose abbandonate e gli animali che formano oggetto di caccia o di pesca.

Art. 924.
Sciami di api.
Il proprietario di sciami di api ha diritto di inseguirli sul fondo altrui, ma deve indennità per il danno cagionato al fondo; se non li ha inseguiti entro due giorni o ha cessato durante due giorni di inseguirli, può prenderli e ritenerli il proprietario del fondo.

Art. 925.
Animali mansuefatti.
Gli animali mansuefatti possono essere inseguiti dal proprietario nel fondo altrui, salvo il diritto del proprietario del fondo a indennità per il danno.

Essi appartengono a chi se ne è impossessato, se non sono reclamati entro venti giorni da quando il proprietario ha avuto conoscenza del luogo dove si trovano.

Art. 926.
Migrazione di colombi, conigli e pesci.
I conigli o pesci che passano ad un'altra conigliera o peschiera si acquistano dal proprietario di queste, purché non vi siano stati attirati con arte o con frode.

La stessa norma si osserva per i colombi che passano ad altra colombaia, salve le diverse disposizioni di legge sui colombi viaggiatori.

Art. 927.
Cose ritrovate.
Chi trova una cosa mobile deve restituirla al proprietario, e, se non lo conosce, deve consegnarla senza ritardo al sindaco(1) del luogo in cui

l'ha trovata, indicando le circostanze del ritrovamento .

Art. 928.
Pubblicazione del ritrovamento.
Il sindaco rende nota la consegna per mezzo di pubblicazione nell'albo pretorio del comune, da farsi per due domeniche successive e da restare affissa per tre giorni ogni volta.

Art. 929.
Acquisto di proprietà della cosa ritrovata.
Trascorso un anno dall'ultimo giorno della pubblicazione senza che si presenti il proprietario, la cosa oppure il suo prezzo, se le circostanze ne hanno richiesto la vendita, appartiene a chi l'ha trovata.
Così il proprietario come il ritrovatore, riprendendo la cosa o ricevendo il prezzo, devono pagare le spese occorse.

Art. 930.
Premio dovuto al ritrovatore.
Il proprietario deve pagare a titolo di premio al ritrovatore, se questi lo richiede, il decimo della somma o del prezzo della cosa ritrovata. Se tale somma o prezzo eccede euro 5,16, il premio per il sovrappiù è solo del ventesimo.
Se la cosa non ha valore commerciale, la misura del premio è fissata dal giudice secondo il suo prudente apprezzamento.

Art. 931.
Equiparazione del possessore o detentore al proprietario.
Agli effetti delle disposizioni contenute negli articoli 927 e seguenti, al proprietario sono equiparati, secondo le circostanze, il possessore e il detentore.

Art. 932.
Tesoro.
Tesoro è qualunque cosa mobile di pregio, nascosta o sotterrata, di cui nessuno può provare d'essere proprietario.
Il tesoro appartiene al proprietario del fondo in cui si trova. Se il tesoro è trovato nel fondo altrui, purché sia stato scoperto per solo effetto del caso, spetta per metà al proprietario del fondo e per metà al ritrovatore. La stessa disposizione si applica se il tesoro è scoperto in una cosa mobile altrui.

Per il ritrovamento degli oggetti d'interesse storico, archeologico, paletnologico, paleontologico e artistico si osservano le disposizioni delle leggi speciali.

Art. 933.
Rigetti del mare e piante sul lido. Relitti aeronautici.
I diritti sopra le cose gettate in mare o sopra quelle che il mare rigetta e sopra le piante e le erbe che crescono lungo le rive del mare sono regolati dalle leggi speciali.
Parimenti si osservano le leggi speciali per il ritrovamento di aeromobili e di relitti di aeromobili.

Art. 934.
Opere fatte sopra o sotto il suolo.
Qualunque piantagione, costruzione od opera esistente sopra o sotto il suolo appartiene al proprietario di questo, salvo quanto è disposto dagli articoli 935, 936, 937 e 938 e salvo che risulti diversamente dal titolo o dalla legge.

Art. 935.
Opere fatte dal proprietario del suolo con materiali altrui.
Il proprietario del suolo che ha fatto costruzioni, piantagioni od opere con materiali altrui deve pagarne il valore, se la separazione non è chiesta dal proprietario dei materiali, ovvero non può farsi senza che si rechi grave danno all'opera costruita o senza che perisca la piantagione. Deve inoltre, anche nel caso che si faccia la separazione, il risarcimento dei danni, se è in colpa grave.
In ogni caso la rivendicazione dei materiali non è ammessa trascorsi sei mesi dal giorno in cui il proprietario ha avuto notizia dell'incorporazione.

Art. 936.
Opere fatte da un terzo con materiali propri.
Quando le piantagioni, costruzioni od opere sono state fatte da un terzo con suoi materiali, il proprietario del fondo ha diritto di ritenerle o di obbligare colui che le ha fatte a levarle.
Se il proprietario preferisce di ritenerle, deve pagare a sua scelta il valore dei materiali e il prezzo della mano d'opera oppure l'aumento di valore recato al fondo.
Se il proprietario del fondo domanda che siano tolte, esse devono

togliersi a spese di colui che le ha fatte. Questi può inoltre essere condannato al risarcimento dei danni.

Il proprietario non può obbligare il terzo a togliere le piantagioni, costruzioni od opere, quando sono state fatte a sua scienza e senza opposizione o quando sono state fatte dal terzo in buona fede.

La rimozione non può essere domandata trascorsi sei mesi dal giorno in cui il proprietario ha avuto notizia dell'incorporazione.

Art. 937.
Opere fatte da un terzo con materiali altrui.

Se le piantagioni, costruzioni o altre opere sono state fatte da un terzo con materiali altrui, il proprietario di questi può rivendicarli, previa separazione a spese del terzo, se la separazione può ottenersi senza grave danno delle opere e del fondo.

La rivendicazione non è ammessa trascorsi sei mesi dal giorno in cui il proprietario ha avuto notizia dell'incorporazione.

Nel caso che la separazione dei materiali non sia richiesta o che i materiali siano inseparabili, il terzo che ne ha fatto uso e il proprietario del suolo che sia stato in mala fede sono tenuti in solido al pagamento di una indennità pari al valore dei materiali stessi. Il proprietario dei materiali può anche esigere tale indennità dal proprietario del suolo, ancorché in buona fede, limitatamente al prezzo che da questo fosse ancora dovuto. Può altresì chiedere il risarcimento dei danni, tanto nei confronti del terzo che ne abbia fatto uso senza il suo consenso, quanto nei confronti del proprietario del suolo che in mala fede abbia autorizzato l'uso.

Art. 938.
Occupazione di porzione di fondo attiguo.

Se nella costruzione di un edificio si occupa in buona fede una porzione del fondo attiguo, e il proprietario di questo non fa opposizione entro tre mesi dal giorno in cui ebbe inizio la costruzione, l'autorità giudiziaria, tenuto conto delle circostanze, può attribuire al costruttore la proprietà dell'edificio e del suolo occupato. Il costruttore è tenuto a pagare al proprietario del suolo il doppio del valore della superficie occupata, oltre il risarcimento dei danni.

Art. 939.
Unione e commistione.

Quando più cose appartenenti a diversi proprietari sono state unite o mescolate in guisa da formare un sol tutto, ma sono separabili senza notevole deterioramento, ciascuno conserva la proprietà della cosa sua e ha diritto di ottenerne la separazione. In caso diverso, la proprietà ne diventa comune in proporzione del valore delle cose spettanti a ciascuno.

Quando però una delle cose si può riguardare come principale o è di molto superiore per valore, ancorché serva all'altra di ornamento, il proprietario della cosa principale acquista la proprietà del tutto. Egli ha l'obbligo di pagare all'altro il valore della cosa che vi è unita o mescolata; ma se l'unione o la mescolanza è avvenuta senza il suo consenso ad opera del proprietario della cosa accessoria, egli non è obbligato a corrispondere che la somma minore tra l'aumento di valore apportato alla cosa principale e il valore della cosa accessoria. È inoltre dovuto il risarcimento dei danni in caso di colpa grave.

Art. 940.
Specificazione.

Se taluno ha adoperato una materia che non gli apparteneva per formare una nuova cosa, possa o non possa la materia riprendere la sua prima forma, ne acquista la proprietà pagando al proprietario il prezzo della materia, salvo che il valore della materia sorpassi notevolmente quello della mano d'opera. In quest'ultimo caso la cosa spetta al proprietario della materia, il quale deve pagare il prezzo della mano d'opera.

Art. 941.
Alluvione.

Le unioni di terra e gli incrementi, che si formano successivamente e impercettibilmente nei fondi posti lungo le rive dei fiumi o torrenti, appartengono al proprietario del fondo, salvo quanto è disposto dalle leggi speciali .

Art. 942.
Terreni abbandonati dalle acque correnti.

I terreni abbandonati dalle acque correnti, che insensibilmente si ritirano da una delle rive portandosi sull'altra, appartengono al demanio pubblico, senza che il confinante della riva opposta possa reclamare il terreno perduto.

Ai sensi del primo comma, si intendono per acque correnti i fiumi, i torrenti e le altre acque definite pubbliche dalle leggi in materia.

Quanto stabilito al primo comma vale anche per i terreni abbandonati dal mare, dai laghi, dalle lagune e dagli stagni appartenenti al demanio pubblico.

Art. 943.
Laghi e stagni.
Il terreno che l'acqua copre quando essa è all'altezza dello sbocco del lago o dello stagno appartiene al proprietario del lago o dello stagno, ancorché il volume dell'acqua venga a scemare.
Il proprietario non acquista alcun diritto sopra la terra lungo la riva che l'acqua ricopre nei casi di piena straordinaria.

Art. 944.
Avulsione.
Se un fiume o torrente stacca per forza istantanea una parte considerevole e riconoscibile di un fondo contiguo al suo corso e la trasporta verso un fondo inferiore o verso l'opposta riva, il proprietario del fondo al quale si è unita la parte staccata ne acquista la proprietà. Deve però pagare all'altro proprietario un'indennità nei limiti del maggior valore recato al fondo dall'avulsione.

Art. 945.
Isole e unioni di terra.
Le isole e unioni di terra che si formano nel letto dei fiumi o torrenti appartengono al demanio pubblico.
Se l'isola si è formata per avulsione, il proprietario del fondo, da cui è avvenuto il distacco, ne conserva la proprietà.
La stessa regola si osserva se un fiume o un torrente, formando un nuovo corso, attraversa e circonda il fondo o parte del fondo di un proprietario confinante, facendone un'isola.

Art. 946.
Alveo abbandonato.
Se un fiume o un torrente si forma un nuovo letto, abbandonando l'antico, il terreno abbandonato rimane assoggettato al regime proprio del demanio pubblico.

Art. 947.
Mutamenti del letto dei fiumi derivanti da regolamento del loro corso.

Le disposizioni degli articoli 942, 945 e 946 si applicano ai terreni comunque abbandonati sia a seguito di eventi naturali che per fatti artificiali indotti dall'attività antropica, ivi comprendendo anche i terreni abbandonati per fenomeni di inalveamento.

La disposizione dell'articolo 941 non si applica nel caso in cui le alluvioni derivano da regolamento del corso dei fiumi, da bonifiche o da altri fatti artificiali indotti dall'attività antropica.

In ogni caso è esclusa la sdemanializzazione tacita dei beni del demanio idrico.

Capo X

Delle azioni a difesa della proprietà

Possessoria: le azioni possessorie sono azioni a tutela del possesso e non tendono a verificare se un soggetto vanta un diritto reale su di un bene. È quindi una tutela di fatto sulla cosa ed è posta in essere da chi subisce uno spoglio violento o ha subito una grave molestia.

Le azioni possessorie, quindi assicurano una tutela provvisoria, quindi, il proprietario o il titolare di altro diritto reale dovrà agire con le cosiddette azioni petitorie che hanno lo scopo di dimostrare al giudice di essere titolare di un diritto reale sul bene.

L'azione di rivendicazione consiste in una azione a tutela del diritto di proprietà ed all'accertamento effettivo di tale diritto in capo a chi esercita l'azione di rivendicazione.

L'azione di restituzione è l'azione necessaria per rientrare nel possesso del bene essendo certo il diritto di proprietà.

Si riportano gli art. dal 948 al 951 del c.c.

Art. 948.
Azione di rivendicazione.
Il proprietario può rivendicare la cosa da chiunque la possiede o detiene e può proseguire l'esercizio dell'azione anche se costui, dopo la domanda, ha cessato, per fatto proprio, di possedere o detenere la cosa. In tal caso il convenuto è obbligato a recuperarla per l'attore a proprie spese, o, in mancanza, a corrispondergliene il valore, oltre a risarcirgli il danno.
Il proprietario, se consegue direttamente dal nuovo possessore o detentore la restituzione della cosa, è tenuto a restituire al precedente possessore o detentore la somma ricevuta in luogo di essa.
L'azione di rivendicazione non si prescrive, salvi gli effetti dell'acquisto della proprietà da parte di altri per usucapione.

Art. 949.
Azione negatoria.
Il proprietario può agire per far dichiarare l'inesistenza di diritti

affermati da altri sulla cosa, quando ha motivo di temerne pregiudizio. Se sussistono anche turbative o molestie, il proprietario può chiedere che se ne ordini la cessazione, oltre la condanna al risarcimento del danno.

Art. 950.
Azione di regolamento di confini.
Quando il confine tra due fondi è incerto, ciascuno dei proprietari può chiedere che sia stabilito giudizialmente.
Ogni mezzo di prova è ammesso.
In mancanza di altri elementi, il giudice si attiene al confine delineato dalle mappe catastali.

Art. 951.
Azione per apposizione di termini.
Se i termini tra fondi contigui mancano o sono diventati irriconoscibili, ciascuno dei proprietari ha diritto di chiedere che essi siano apposti o ristabiliti a spese comuni.

Capo XI

Del rapporto con gli altri diritti reali

Con il diritto di proprietà possono coesistere, sulla medesima cosa, altri diritti, appartenenti a soggetti diversi del proprietario: questi assumono tradizionalmente il nome di diritti reali minori (*iura in re aliena*).

Rispetto alla proprietà gli altri diritti reali si presentano come diritti limitati o parziali, caratterizzati da un limitato contenuto che in alcuni casi si esaurisce in una sola facoltà.

Sono inoltre diritti su cosa altrui, perché si esercitano su cose di cui altri è proprietario: coesistono, sulla cosa, con l'altrui diritto di proprietà, il cui contenuto viene a ridursi per permettere che la medesima cosa formi oggetto di altri diritti reali.

Possono coesistere su una medesima cosa più diritti reali: ciascuno di esso ha un proprio contenuto, diverso dal contenuto degli altri, possono essere a tempo o perpetui.

La natura di questi diritti come diritti reali si manifesta nel fatto che essi hanno per oggetto la cosa e permangono, in quanto diritti sulla cosa, nonostante il mutamento della persona del proprietario.

Si suole dire che il diritto reale su cosa altrui ha diritto di seguito (o diritto di sequela): è un diritto sulla cosa opponibile a tutti i successivi proprietari (salvo che non abbiano acquistato la cosa a titolo originario usucapio libertatis).

Quando il diritto è costituito su un bene immobile, la sua opponibilità ai terzi acquirenti è subordinata all'avvenuta trascrizione nei registri immobiliari.

Il diritto non trascritto sarà tuttavia opponibile al terzo acquirente se menzionato nell'atto di trasferimento del bene: oggetto del trasferimento è in tal caso un bene gravato dal diritto reale altrui.

I diritti reali su cosa altrui godono, come la proprietà, di una difesa in giudizio assoluta: il titolare può difenderli da sé, mediante l'azione confessoria, contro chiunque ne contesti l'esercizio.

I diritti reali sono inoltre suscettibili di possesso e godono, a questo modo, di una protezione che non ha confronto con quella dei diritti personali di godimento: sono protetti non solo come diritti, ma anche come potere di fatto sulla cosa, difeso con le azioni possessorie; e l'esercizio del potere di fatto sulla cosa consente l'acquisto del diritto per usucapione.

Quando un diritto reale sullo stesso bene spetta a più persone, si parla di comunione.

Inoltre i diritti reali limitati di godimento vanno distinti dai diritti personali di godimento (come il diritto del conduttore nella locazione o del comodatario nel contratto di comodato) che attribuiscono solo la detenzione della res e non il possesso della stessa, con una conseguente assenza delle azioni confessorie e non trascrivibilità dei titoli in virtù dei quali si gode del bene (esclusa la locazione ultranovennale).

Capo XII

Del patrimonio

Il patrimonio è quel rapporto giuridico attivo e passivo valutabile economicamente facente capo ad un soggetto e può essere separato o autonomo e pertanto non una *universitas*.

La separazione del bene dal proprietario di solito non è prevista se non in alcuni casi particolare come la costituzione di un fondo patrimoniale, circostanza nella quale si rimane proprietario del bene ma non fa parte del patrimonio è appunto separato.

Non cioè soggetti ad aggressione da parte dei creditori e nasce per la tutela della famiglia e dei suoi interessi rilevanti, pensiamo al rischio cui è esposto l'imprenditore. Importante è sottolineare che sui beni oggetto del fondo patrimoniale non è possibile agire forzosamente; i beni ed i frutti rispondono solo per obbligazioni contratte nell'interesse della famiglia.

È fatta però salva la buona fede del creditore che ignorava che il debito era stato contratto per soddisfare i bisogni della famiglia (art. 170, codice civile). Infine, laddove il fondo fosse stato costituito fraudolentemente allo scopo di sottrarre beni alla garanzia dei creditori, sarà possibile esperire l'azione revocatoria.

Con la recente riforma del condominio anche l'ente è dotato di patrimonio come affarmato dall'art. 1129 settimo comma c.c. ove si parla di confusione del patrimonio del condominio con quello dell'amministratore.

Titolo III

Dei diritti reali di godimento

Capo I

Del diritto di superficie

Il diritto di superficie è un vero proprio diritto di proprietà diverso dalla proprietà del fondo o dalla proprietà dell'immobile.

Il diritto di superficie consiste pertanto in un autonomo diritto reale che per sua caratteristica limita la proprietà altrui e per questo rientra nella categoria dei diritti reali di godimento su cosa altrui.

Il diritto di superficie deroga al principio di accessione della proprietà, cioè di quella caratteristica che attribuisce alla proprietà una estensione all'infinito in senso verticale.
Di riflesso il diritto di superficie non può recare danno all'altrui proprietà.

Il contratto con il quale si costituisce il diritto di superficie può essere a tempo determinato e quindi alla scadenza del termine il diritto si estingue dando riviviscenza al principio di accessione, se è a tempo interminato ovviamente come detto è una proprietà separata.

Per meglio comprenderre, si riportano per intero gli articoli dal 952 al 956 c.c.

Art. 952.
Costituzione del diritto di superficie.
Il proprietario può costituire il diritto di fare e mantenere al disopra del suolo una costruzione a favore di altri, che ne acquista la proprietà. Del pari può alienare la proprietà della costruzione già esistente, separatamente dalla proprietà del suolo.

Art. 953.
Costituzione a tempo determinato.
Se la costituzione del diritto è stata fatta per un tempo determinato, allo scadere del termine il diritto di superficie si estingue e il proprietario del suolo diventa proprietario della costruzione.

Art. 954.
Estinzione del diritto di superficie.
L'estinzione del diritto di superficie per scadenza del termine importa l'estinzione dei diritti reali imposti dal superficiario. I diritti gravanti sul suolo si estendono alla costruzione, salvo, per le ipoteche, il disposto del primo comma dell'articolo 2816.
I contratti di locazione, che hanno per oggetto la costruzione, non durano se non per l'anno in corso alla scadenza del termine.
Il perimento della costruzione non importa, salvo patto contrario, l'estinzione del diritto di superficie.
Il diritto di fare la costruzione sul suolo altrui si estingue per prescrizione per effetto del non uso protratto per venti anni.

Art. 955.
Costruzioni al disotto del suolo.
Le disposizioni precedenti si applicano anche nel caso in cui è concesso il diritto di fare e mantenere costruzioni al disotto del suolo altrui.

Art. 956.
Divieto di proprietà separata delle piantagioni.
Non può essere costituita o trasferita la proprietà delle piantagioni separatamente dalla proprietà del suolo.

Capo II

Dell'enfiteusi

Trattasi di diritto reale di godimento su cosa altrui ed attribuisce alla persona a cui a favore è costituita il godimento che spetta al proprietario con l'obbligo però di migliorare il fondo.

Si può acquisire per usucapione, donazione o per contratto similmente al contratto di locazione e può essere a tempo determinato o a tempo indeterminato.

L'enfiteusi si estingue o per la scadenza naturale del contratto o dopo vent'anni se a tempo indeterminato, per il perimento del fondo o nel caso della prescrizione.

L'Enfiteuta può inoltre esercitare il diritto di **affrancazione**.

Con l'affrancazione l'enfiteuta diviene proprietario mediante il pagamento di una somma corrispondente 15 volte.

Al contrario la **devoluzione** è il diritto del concedente di risolvere il contratto in caso di inadempimento, ossia la mancanza di miglioria del fondo.

Riporto integralmente gli art. dal 957 al 977 del c.c., dove si regolamentano i diritti sopracitati.

Art. 957.
Disposizioni inderogabili.
L'enfiteusi, salvo che il titolo disponga altrimenti, è regolata dalle norme contenute negli articoli seguenti.
Il titolo non può tuttavia derogare alle norme contenute negli articoli 958, secondo comma, 961, secondo comma, 962, 965, 968, 971 e 973.

Art. 958.
Durata.
L'enfiteusi può essere perpetua o a tempo.
L'enfiteusi temporanea non può essere costituita per una durata inferiore ai venti anni.

Art. 959.
Diritti dell'enfiteuta.
L'enfiteuta ha gli stessi diritti che avrebbe il proprietario sui frutti del fondo, sul tesoro e relativamente alle utilizzazioni del sottosuolo in conformità delle disposizioni delle leggi speciali.
Il diritto dell'enfiteuta si estende alle accessioni.

Art. 960.
Obblighi dell'enfiteuta.
L'enfiteuta ha l'obbligo di migliorare il fondo e di pagare al concedente un canone periodico. Questo può consistere in una somma di danaro ovvero in una quantità fissa di prodotti naturali.
L'enfiteuta non può pretendere remissione o riduzione del canone per qualunque insolita sterilità del fondo o perdita di frutti.

Art. 961.
Pagamento del canone.
L'obbligo del pagamento del canone grava solidalmente su tutti i coenfiteuti e sugli eredi dell'enfiteuta finché dura la comunione.
Nel caso in cui segua la divisione e il fondo venga goduto separatamente dagli enfiteuti o dagli eredi, ciascuno risponde per gli obblighi inerenti all'enfiteusi proporzionalmente al valore della sua porzione.

Art. 962.
Revisione del canone.
Decorsi almeno dieci anni dalla costituzione dell'enfiteusi, e successivamente dopo eguale periodo di tempo, le parti possono chiedere una revisione del canone, qualora questo sia divenuto troppo tenue o troppo gravoso in relazione al valore attuale del fondo. Tale valore determina senza tener conto dei miglioramenti arrecati dall'enfiteuta di deterioramenti dovuti a causa a lui imputabile.
La revisione non è ammessa, se il valore attuale del fondo non risulta almeno raddoppiato o ridotto a metà rispetto al valore iniziale o a quello accertato nella precedente revisione.

Art. 963.
Perimento totale o parziale del fondo.
Quando il fondo enfiteutico perisce interamente, l'enfiteusi si estingue.
Se è perita una parte notevole del fondo e il canone risulta

sproporzionato al valore della parte residua, l'enfiteuta, secondo le circostanze, può chiedere una congrua riduzione del canone, o rinunziare al suo diritto, restituendo il fondo al concedente, salvo il diritto al rimborso dei miglioramenti sulla parte residua.

La domanda di riduzione del canone e la rinunzia al diritto non sono ammesse, decorso un anno dall'avvenuto perimento.

Qualora il fondo sia assicurato e l'assicurazione sia fatta anche nell'interesse del concedente, l'indennità è ripartita tra il concedente e l'enfiteuta in proporzione del valore dei rispettivi diritti.

Nel caso di espropriazione per pubblico interesse, l'indennità si ripartisce a norma del comma precedente.

Art. 964.
Imposte e altri pesi.

Le imposte e gli altri pesi che gravano sul fondo sono a carico dell'enfiteuta, salve le disposizioni delle leggi speciali.

Se in virtù del titolo costitutivo sono a carico del concedente, tale obbligo non può eccedere l'ammontare del canone.

Art. 965.
Disponibilità del diritto dell'enfiteuta.

L'enfiteuta può disporre del proprio diritto, sia per atto tra vivi, sia per atto di ultima volontà.

Per l'alienazione del diritto dell'enfiteuta non è dovuta alcuna prestazione al concedente.

Nell'atto costitutivo può essere vietato all'enfiteuta di disporre per atto tra vivi, in tutto o in parte, del proprio diritto, per un tempo non maggiore di venti anni.

Nel caso di alienazione compiuta contro tale divieto, l'enfiteuta non è liberato dai suoi obblighi verso il concedente ed è tenuto a questi solidalmente con l'acquirente.

Art. 966.
Prelazione a favore del concedente.

In caso di vendita del diritto dell'enfiteuta, il concedente è preferito a parità di condizioni. L'enfiteuta deve notificare al concedente la proposta di alienazione, indicandone il prezzo; il concedente deve esercitare il suo diritto entro il termine di trenta giorni. In mancanza della notificazione, il concedente, entro un anno dalla notizia della vendita, può riscattare il diritto dall'acquirente e da ogni successivo avente causa .

Se i concedenti sono più e la prelazione non è esercitata da tutti congiuntamente, essa può esercitarsi per la totalità anche da uno solo, il quale subentra all'enfiteuta di fronte agli altri concedenti.

Art. 967.
Diritti e obblighi dell'enfiteuta e del concedente in caso di alienazione.

In caso di alienazione, il nuovo enfiteuta è obbligato solidalmente col precedente al pagamento dei canoni non soddisfatti.

Il precedente enfiteuta non è liberato dai suoi obblighi, prima che sia stato notificato l'atto di acquisto al concedente.

In caso di alienazione del diritto del concedente, l'acquirente non può pretendere l'adempimento degli obblighi dell'enfiteuta prima che a questo sia stata notificata l'alienazione.

Art. 968.
Subenfiteusi.

La subenfiteusi non è ammessa.

Art. 969.
Ricognizione.

Il concedente può richiedere la ricognizione del proprio diritto da chi si trova nel possesso del fondo enfiteutico, un anno prima del compimento del ventennio.

Per l'atto di ricognizione non è dovuta alcuna prestazione. Le spese dell'atto sono a carico del concedente.

Art. 970.
Prescrizione del diritto dell'enfiteuta.

Il diritto dell'enfiteuta si prescrive per effetto del non uso protratto per venti anni.

Art. 971.
Affrancazione.

L'enfiteuta può affrancare il fondo dopo venti anni dalla costituzione dell'enfiteusi.

Nell'atto costitutivo può essere stabilito un termine superiore ai venti anni, ma non eccedente i quarant'anni.

Anche quando nell'atto costitutivo non è indicato alcun termine, se in esso è prestabilito un piano di miglioramento, l'enfiteuta non può procedere all'affrancazione prima che i miglioramenti siano stati compiuti.

Se più sono gli enfiteuti, l'affrancazione può promuoversi anche da uno solo di essi, ma per la totalità. In questo caso l'affrancante subentra nei diritti del concedente verso gli altri enfiteuti, salva, a favore di questi, una riduzione proporzionale del canone.

Se più sono i concedenti, l'affrancazione può effettuarsi per la quota che spetta a ciascun concedente.

L'affrancazione si opera mediante il pagamento di una somma risultante dalla capitalizzazione del canone annuo sulla base dell'interesse legale. Le modalità sono stabilite da leggi speciali .

Art. 972.
Devoluzione.

Il concedente può chiedere la devoluzione del fondo enfiteutico:
1) se l'enfiteuta deteriora il fondo o non adempie all'obbligo di migliorarlo;
2) se l'enfiteuta è in mora nel pagamento di due annualità di canone.
La devoluzione non ha luogo se l'enfiteuta ha effettuato il pagamento dei canoni maturati prima che sia intervenuta nel giudizio sentenza, ancorché di primo grado, che abbia accolto la domanda.
La domanda di devoluzione non preclude all'enfiteuta il diritto di affrancare sempre che ricorrano le condizioni previste dall'articolo 971.

Art. 973.
Clausola risolutiva espressa.

La dichiarazione del concedente di valersi della clausola risolutiva espressa non impedisce l'esercizio del diritto di affrancazione.

Art. 974.
Diritti dei creditori dell'enfiteuta.

I creditori dell'enfiteuta possono intervenire nel giudizio di devoluzione per conservare le loro ragioni, valendosi all'uopo anche del diritto di affrancazione che spetti all'enfiteuta; possono offrire il risarcimento dei danni e dare cauzione per l'avvenire.

I creditori, che hanno iscritto ipoteca contro l'enfiteuta anteriormente alla trascrizione della domanda di devoluzione e ai quali questa non è stata notificata in tempo utile per poter intervenire, conservano il diritto di affrancazione anche dopo avvenuta la devoluzione.

Art. 975.
Miglioramenti e addizioni.
Quando cessa l'enfiteusi, all'enfiteuta spetta il rimborso dei miglioramenti nella misura dell'aumento di valore conseguito dal fondo per effetto dei miglioramenti stessi, quali sono accertati al tempo della riconsegna.
Se in giudizio è stata fornita qualche prova della sussistenza in genere dei miglioramenti, all'enfiteuta compete la ritenzione del fondo fino a quando non è soddisfatto il suo credito.
Per le addizioni fatte dall'enfiteuta, quando possono essere tolte senza nocumento del fondo, il concedente, se vuole ritenerle, deve pagarne il valore al tempo della riconsegna. Se le addizioni non sono separabili senza nocumento e costituiscono miglioramento, si applica la disposizione del primo comma di questo articolo.

Art. 976.
Locazioni concluse dall'enfiteuta.
Per le locazioni concluse dall'enfiteuta si applicano le norme dell'articolo 999.

Art. 977.
Enfiteusi costituite dalle persone giuridiche.
Le disposizioni contenute negli articoli precedenti si applicano anche alle enfiteusi costituite dalle persone giuridiche, salvo che sia disposto diversamente dalle leggi speciali.

Capo III

Dell'usufrutto

L'usufrutto consiste nel diritto di godere della cosa altrui con l'obbligo di rispettarne la destinazione economica *(ius utendi fruendi salva rerum substantia).*

L'usufruttuario ha il diritto di trarre ogni utilità e frutto come il proprietario non può ovviamente compiere atti di disposizione ed in particolare vendere il bene.

L'usufrutto può essere a tempo oppure in caso di mancata indicazione temporale dura tutta la vita dell'usufruttuario.

È sempre prevista la forma scritta ad substantiam, pensiamo ai genitori che conservano l'usufrutto concedendo ai figli la nuda proprietà che è praticamente l'inverso dell'usufrutto nella misura in cui il nudo proprietario può solo vendere.

L'usufrutto può essere concesso anche per i beni mobili.
L'usufruttuario assume anche alcuni obblighi tipici del proprietario come il pagamento dell'IMU.

Alla scadenza dell'usufrutto a termine, l'usufruttuario deve restituire il bene, fare l'inventario, deve conservare il bene con la cosiddetta diligenza del buon padre di famiglia.

Il nudo proprietario deve pagare le spese straordinarie.

Nel caso l'usufrutto sia concesso in favore di una persona giuridica non può durare per più di 30 anni.

Nel caso di più usufruttuari la morte o la scomparsa di uno la quota parte viene acquistata dagli altri usufruttuari.

La riunione della nuda proprietà e dell'usufrutto ad esempio per morte dell'usufruttuario si chiama consolidazione.

Al fine di meglio comprendere, si riportano gli art. dal 978 al 1020 c.c.

Art. 978.
Costituzione.
L'usufrutto è stabilito dalla legge o dalla volontà dell'uomo. Può anche acquistarsi per usucapione.

Art. 979.
Durata.
La durata dell'usufrutto non può eccedere la vita dell'usufruttuario. L'usufrutto costituito a favore di una persona giuridica non può durare più di trent'anni.

Art. 980.
Cessione dell'usufrutto.
L'usufruttuario può cedere il proprio diritto per un certo tempo o per tutta la sua durata, se ciò non è vietato dal titolo costitutivo.
La cessione deve essere notificata al proprietario; finché non sia stata notificata, l'usufruttuario è solidalmente obbligato con il cessionario verso il proprietario.

Art. 981.
Contenuto del diritto di usufrutto.
L'usufruttuario ha diritto di godere della cosa, ma deve rispettarne la destinazione economica.
Egli può trarre dalla cosa ogni utilità che questa può dare, fermi i limiti stabiliti in questo capo.

Art. 982.
Possesso della cosa.
L'usufruttuario ha il diritto di conseguire il possesso della cosa di cui ha l'usufrutto, salvo quanto è disposto dall'articolo 1002.

Art. 983.
Accessioni.
L'usufrutto si estende a tutte le accessioni della cosa.
Se il proprietario dopo l'inizio dell'usufrutto, con il consenso dell'usufruttuario, ha fatto nel fondo costruzioni o piantagioni, l'usufruttuario è tenuto a corrispondere gli interessi sulle somme impiegate. La norma si applica anche nel caso in cui le costruzioni o piantagioni sono state fatte per disposizione della pubblica autorità.

Art. 984.
Frutti.

I frutti naturali e i frutti civili spettano all'usufruttuario per la durata del suo diritto.

Se il proprietario e l'usufruttuario si succedono nel godimento della cosa entro l'anno agrario o nel corso di un periodo produttivo di maggiore durata, l'insieme di tutti i frutti si ripartisce fra l'uno e l'altro in proporzione della durata del rispettivo diritto nel periodo stesso.

Le spese per la produzione e il raccolto sono a carico del proprietario e dell'usufruttuario nella proporzione indicata dal comma precedente ed entro i limiti del valore dei frutti.

Art. 985.
Miglioramenti.

L'usufruttuario ha diritto a un'indennità per i miglioramenti che sussistono al momento della restituzione della cosa.

L'indennità si deve corrispondere nella minor somma tra l'importo della spesa e l'aumento di valore conseguito dalla cosa per effetto dei miglioramenti.

L'autorità giudiziaria, avuto riguardo alle circostanze, può disporre che il pagamento dell'indennità prevista dai commi precedenti sia fatto ratealmente, imponendo in questo caso idonea garanzia.

Art. 986.
Addizioni.

L'usufruttuario può eseguire addizioni che non alterino la destinazione economica della cosa.

Egli ha diritto di toglierle alla fine dell'usufrutto, qualora ciò possa farsi senza nocumento della cosa, salvo che il proprietario preferisca ritenere le addizioni stesse. In questo caso deve essere corrisposta all'usufruttuario un'indennità pari alla minor somma tra l'importo della spesa e il valore delle addizioni al tempo della riconsegna.

Se le addizioni non possono separarsi senza nocumento della cosa e costituiscono miglioramento di essa, si applicano le disposizioni relative ai miglioramenti.

Art. 987.
Miniere, cave e torbiere.

L'usufruttuario gode delle cave e torbiere già aperte e in esercizio all'inizio dell'usufrutto. Non ha facoltà di aprirne altre senza il consenso del proprietario.

Per le ricerche e le coltivazioni minerarie, di cui abbia ottenuto il permesso, l'usufruttuario deve indennizzare il proprietario dei danni che saranno accertati alla fine dell'usufrutto.

Se il permesso è stato ottenuto dal proprietario o da un terzo, questi devono all'usufruttuario un'indennità corrispondente al diminuito godimento del fondo durante l'usufrutto.

Art. 988.
Tesoro.

Il diritto dell'usufruttuario non si estende al tesoro che si scopra durante l'usufrutto, salve le ragioni che gli possono competere come ritrovatore.

Art. 989.
Boschi, filari e alberi sparsi di alto fusto.

Se nell'usufrutto sono compresi boschi o filari cedui ovvero boschi o filari di alto fusto destinati alla produzione di legna, l'usufruttuario può procedere ai tagli ordinari, curando il mantenimento dell'originaria consistenza dei boschi o dei filari e provvedendo, se occorre, alla loro ricostituzione.

Circa il modo, l'estensione, l'ordine e l'epoca dei tagli, l'usufruttuario è tenuto a uniformarsi, oltre che alle leggi e ai regolamenti forestali, alla pratica costante della regione.

Le stesse regole si applicano agli alberi di alto fusto sparsi per la campagna, destinati ad essere tagliati.

Art. 990.
Alberi di alto fusto divelti, spezzati o periti.

Gli alberi di alto fusto divelti, spezzati o periti per accidente spettano al proprietario. L'usufruttuario può servirsi di essi soltanto per le riparazioni che sono a suo carico.

Art. 991.
Alberi fruttiferi.

Gli alberi fruttiferi che periscono e quelli divelti o spezzati per accidente appartengono all'usufruttuario, ma questi ha l'obbligo di sostituirne altri.

Art. 992.
Pali per vigne e per altre coltivazioni.
L'usufruttuario può prendere nei boschi i pali occorrenti per le vigne e per le altre coltivazioni che ne abbisognano, osservando sempre la pratica costante della regione.

Art. 993.
Semenzai.
L'usufruttuario può servirsi dei piantoni dei semenzai, ma deve osservare la pratica costante della regione per il tempo e il modo dell'estrazione e per la rimessa dei virgulti.

Art. 994.
Perimento delle mandre e dei greggi.
Se l'usufrutto è stabilito sopra una mandra o un gregge, l'usufruttuario è tenuto a surrogare gli animali periti, fino alla concorrente quantità dei nati, dopo che la mandra o il gregge ha cominciato ad essere mancante del numero primitivo.

Se la mandra o il gregge perisce interamente per causa non imputabile all'usufruttuario, questi non è obbligato verso il proprietario che a rendere conto delle pelli o del loro valore.

Art. 995.
Cose consumabili.
Se l'usufrutto comprende cose consumabili, l'usufruttuario ha diritto di servirsene e ha l'obbligo di pagarne il valore al termine dell'usufrutto secondo la stima convenuta.

Mancando la stima, è in facoltà dell'usufruttuario di pagare le cose secondo il valore che hanno al tempo in cui finisce l'usufrutto o di restituirne altre in eguale qualità e quantità.

Art. 996.
Cose deteriorabili.
Se l'usufrutto comprende cose che, senza consumarsi in un tratto, si deteriorano a poco a poco, l'usufruttuario ha diritto di servirsene secondo l'uso al quale sono destinate, e alla fine dell'usufrutto è soltanto tenuto a restituirle nello stato in cui si trovano.

Art. 997.
Impianti, opifici e macchinari.

Se l'usufrutto comprende impianti, opifici o macchinari che hanno una destinazione produttiva, l'usufruttuario è tenuto a riparare e a sostituire durante l'usufrutto le parti che si logorano, in modo da assicurare il regolare funzionamento delle cose suddette. Se l'usufruttuario ha sopportato spese che eccedono quelle delle ordinarie riparazioni, il proprietario, al termine dell'usufrutto, è tenuto a corrispondergli una congrua indennità.

Art. 998.
Scorte vive e morte.

Le scorte vive e morte di un fondo devono essere restituite in eguale quantità e qualità. L'eccedenza o la deficienza di esse deve essere regolata in danaro, secondo il loro valore al termine dell'usufrutto.

Art. 999.
Locazioni concluse dall'usufruttuario.

Le locazioni concluse dall'usufruttuario, in corso al tempo della cessazione dell'usufrutto, purché constino da atto pubblico o da scrittura privata di data certa anteriore, continuano per la durata stabilita, ma non oltre il quinquennio dalla cessazione dell'usufrutto. Se la cessazione dell'usufrutto avviene per la scadenza del termine stabilito, le locazioni non durano in ogni caso se non per l'anno e trattandosi di fondi rustici dei quali il principale raccolto è biennale o triennale, se non per il biennio o triennio che si trova in corso al tempo in cui cessa l'usufrutto.

Art. 1000.
Riscossione di capitali.

Per la riscossione di somme che rappresentano un capitale gravato d'usufrutto, è necessario il concorso del titolare del credito e dell'usufruttuario. Il pagamento fatto a uno solo di essi non è opponibile all'altro, salve in ogni caso le norme relative alla cessione dei crediti.
Il capitale riscosso dev'essere investito in modo fruttifero e su di esso si trasferisce l'usufrutto. Se le parti non sono d'accordo sul modo d'investimento, provvede l'autorità giudiziaria.

Art. 1001.
Obbligo di restituzione. Misura della diligenza.

L'usufruttuario deve restituire le cose che formano oggetto del suo diritto, al termine dell'usufrutto, salvo quanto è disposto dall'articolo 995.

Nel godimento della cosa egli deve usare la diligenza del buon padre di famiglia.

Art. 1002.
Inventario e garanzia.

L'usufruttuario prende le cose nello stato in cui si trovano.

Egli è tenuto a fare a sue spese l'inventario dei beni, previo avviso al proprietario. Quando l'usufruttuario è dispensato dal fare l'inventario, questo può essere richiesto dal proprietario a sue spese.

L'usufruttuario deve inoltre dare idonea garanzia. Dalla prestazione della garanzia sono dispensati i genitori che hanno l'usufrutto legale sui beni dei loro figli minori. Sono anche dispensati il venditore e il donante con riserva d'usufrutto; ma, qualora questi cedano l'usufrutto, il cessionario è tenuto a prestare garanzia.

L'usufruttuario non può conseguire il possesso dei beni prima di avere adempiuto agli obblighi su indicati.

Art. 1003.
Mancanza o insufficienza della garanzia.

Se l'usufruttuario non presta la garanzia a cui è tenuto, si osservano le disposizioni seguenti:

gli immobili sono locati o messi sotto amministrazione, salva la facoltà all'usufruttuario di farsi assegnare per propria abitazione una casa compresa nell'usufrutto. L'amministrazione è affidata, con il consenso dell'usufruttuario, al proprietario o altrimenti a un terzo scelto di comune accordo tra proprietario e usufruttuario o, in mancanza di tale accordo, nominato dall'autorità giudiziaria;

il danaro è collocato a interesse;

i titoli al portatore si convertono in nominativi a favore del proprietario con il vincolo dell'usufrutto, ovvero si depositano presso una terza persona, scelta dalle parti, o presso un istituto di credito, la cui designazione, in caso di dissenso, è fatta dall'autorità giudiziaria;

le derrate sono vendute e il loro prezzo è parimenti collocato a interesse.

In questi casi appartengono all'usufruttuario gli interessi dei capitali,

le rendite, le pigioni e i fitti.
Se si tratta di mobili i quali si deteriorano con l'uso, il proprietario può
chiedere che siano venduti e ne sia impiegato il prezzo come quello delle
derrate. L'usufruttuario può nondimeno domandare che gli siano
lasciati i mobili necessari per il proprio uso.

Art. 1004.
Spese a carico dell'usufruttuario.
Le spese e, in genere, gli oneri relativi alla custodia, amministrazione e
manutenzione ordinaria della cosa sono a carico dell'usufruttuario.
Sono pure a suo carico le riparazioni straordinarie rese necessarie
dall'inadempimento degli obblighi di ordinaria manutenzione.

Art. 1005.
Riparazioni straordinarie.
Le riparazioni straordinarie sono a carico del proprietario.
Riparazioni straordinarie sono quelle necessarie ad assicurare la
stabilità dei muri maestri e delle volte, la sostituzione delle travi, il
rinnovamento, per intero o per una parte notevole, dei tetti, solai,
scale, argini, acquedotti, muri di sostegno o di cinta.
L'usufruttuario deve corrispondere al proprietario, durante l'usufrutto,
l'interesse delle somme spese per le riparazioni straordinarie.

Art. 1006.
Rifiuto del proprietario alle riparazioni.
Se il proprietario rifiuta di eseguire le riparazioni poste a suo carico o
ne ritarda l'esecuzione senza giusto motivo, è in facoltà
dell'usufruttuario di farle eseguire a proprie spese. Le spese devono
essere rimborsate alla fine dell'usufrutto senza interesse. A garanzia
del rimborso l'usufruttuario ha diritto di ritenere l'immobile riparato.

Art. 1007.
Rovina parziale di edificio accessorio.
Le disposizioni dei due articoli precedenti si applicano anche nel caso
in cui, per vetustà o caso fortuito, rovini soltanto in parte l'edificio che
formava accessorio necessario del fondo soggetto a usufrutto.

Art. 1008.
Imposte e altri pesi a carico dell'usufruttuario.
L'usufruttuario è tenuto, per la durata del suo diritto, ai carichi

annuali, come le imposte, i canoni, le rendite fondiarie e gli altri pesi che gravano sul reddito.

Per l'anno in corso al principio e alla fine dell'usufrutto questi carichi si ripartiscono tra il proprietario e l'usufruttuario in proporzione della durata del rispettivo diritto.

Art. 1009.
Imposte e altri pesi a carico del proprietario.

Al pagamento dei carichi imposti sulla proprietà durante l'usufrutto, salvo diverse disposizioni di legge, è tenuto il proprietario, ma l'usufruttuario gli deve corrispondere l'interesse della somma pagata. Se l'usufruttuario ne anticipa il pagamento, ha diritto di essere rimborsato del capitale alla fine dell'usufrutto.

Art. 1010.
Passività gravanti su eredità in usufrutto.

L'usufruttuario di un'eredità o di una quota di eredità è obbligato a pagare per intero, o in proporzione della quota, le annualità e gli interessi dei debiti o dei legati da cui l'eredità stessa sia gravata.

Per il pagamento del capitale dei debiti o dei legati, che si renda necessario durante l'usufrutto, è in facoltà dell'usufruttuario di fornire la somma occorrente, che gli deve essere rimborsata senza interesse alla fine dell'usufrutto.

Se l'usufruttuario non può o non vuole fare questa anticipazione, il proprietario può pagare tale somma, sulla quale l'usufruttuario deve corrispondergli l'interesse durante l'usufrutto, o può vendere una porzione dei beni soggetti all'usufrutto fino alla concorrenza della somma dovuta.

Se per il pagamento dei debiti si rende necessaria la vendita dei beni, questa è fatta d'accordo tra proprietario e usufruttuario, salvo ricorso all'autorità giudiziaria in caso di dissenso. L'espropriazione forzata deve seguire contro ambedue.

Art. 1011.
Ritenzione per le somme anticipate.

Nelle ipotesi contemplate dal secondo comma dell'articolo 1009 e dal secondo comma dell'articolo 1010, l'usufruttuario ha diritto di ritenzione sui beni che sono in suo possesso fino alla concorrenza della somma a lui dovuta.

Art. 1012.
Usurpazioni durante l'usufrutto e azioni relative alle servitù.

Se durante l'usufrutto un terzo commette usurpazione sul fondo o altrimenti offende le ragioni del proprietario, l'usufruttuario è tenuto a fargliene denunzia e, omettendola, è responsabile dei danni che eventualmente siano derivati al proprietario.

L'usufruttuario può far riconoscere l'esistenza delle servitù a favore del fondo o l'inesistenza di quelle che si pretende di esercitare sul fondo medesimo; egli deve in questi casi chiamare in giudizio il proprietario.

Art. 1013.
Spese per le liti.

Le spese delle liti che riguardano tanto la proprietà quanto l'usufrutto sono sopportate dal proprietario e dall'usufruttuario in proporzione del rispettivo interesse.

Art. 1014.
Estinzione dell'usufrutto.

Oltre quanto è stabilito dall'articolo 979, l'usufrutto si estingue:
1) per prescrizione per effetto del non uso durato per venti anni;
2) per la riunione dell'usufrutto e della proprietà nella stessa persona;
3) per il totale perimento della cosa su cui è costituito.

Art. 1015.
Abusi dell'usufruttuario.

L'usufrutto può anche cessare per l'abuso che faccia l'usufruttuario del suo diritto alienando i beni o deteriorandoli o lasciandoli andare in perimento per mancanza di ordinarie riparazioni.

L'autorità giudiziaria può, secondo le circostanze, ordinare che l'usufruttuario dia garanzia, qualora ne sia esente, o che i beni siano locati o posti sotto amministrazione a spese di lui, o anche dati in possesso al proprietario con l'obbligo di pagare annualmente all'usufruttuario, durante l'usufrutto, una somma determinata.

I creditori dell'usufruttuario possono intervenire nel giudizio per conservare le loro ragioni, offrire il risarcimento dei danni e dare garanzia per l'avvenire.

Art. 1016.
Perimento parziale della cosa.
Se una sola parte della cosa soggetta all'usufrutto perisce, l'usufrutto si conserva sopra ciò che rimane.

Art. 1017.
Perimento della cosa per colpa o dolo di terzi.
Se il perimento della cosa non è conseguenza di caso fortuito, l'usufrutto si trasferisce sull'indennità dovuta dal responsabile del danno.

Art. 1018.
Perimento dell'edificio.
Se l'usufrutto è stabilito sopra un fondo, del quale fa parte un edificio, e questo viene in qualsiasi modo a perire, l'usufruttuario ha diritto di godere dell'area e dei materiali.

La stessa disposizione si applica se l'usufrutto è stabilito soltanto sopra un edificio. In tal caso, però, il proprietario, se intende costruire un altro edificio, ha il diritto di occupare l'area e di valersi dei materiali, pagando all'usufruttuario, durante l'usufrutto, gli interessi sulla somma corrispondente al valore dell'area e dei materiali.

Art. 1019.
Perimento di cosa assicurata dall'usufruttuario.
Se l'usufruttuario ha provveduto all'assicurazione della cosa o al pagamento dei premi per la cosa già assicurata, l'usufrutto si trasferisce sull'indennità dovuta dall'assicuratore.

Se è perito un edificio e il proprietario intende di ricostruirlo con la somma conseguita come indennità, l'usufruttuario non può opporsi. L'usufrutto in questo caso si trasferisce sull'edificio ricostruito. Se però la somma impiegata nella ricostruzione è maggiore di quella spettante in usufrutto, il diritto dell'usufruttuario sul nuovo edificio è limitato in proporzione di quest'ultima.

Art. 1020.
Requisizione o espropriazione.
Se la cosa è requisita o espropriata per pubblico interesse, l'usufrutto si trasferisce sull'indennità relativa.

Capo IV

Dell'uso e dell'abitazione

L'uso è un diritto reale di godimento in re aliena – su cosa altrui che attribuisce al titolare il potere di servirsi del bene e raccogliere i frutti ma solo per sè stesso e la famiglia il resto lo deve al proprietario, analogamente l'abitazione ossia il diritto ad abitare una casa è limitato solo a tale bisogno i frutti e le utilità spettano al proprietario.

Si riportano gli articoli che regolamentano uso e abitazione, dal 1021 al 1026 c.c.

Art. 1021.
Uso.
Chi ha il diritto d'uso di una cosa può servirsi di essa e, se è fruttifera, può raccogliere i frutti per quanto occorre ai bisogni suoi e della sua famiglia .
I bisogni si devono valutare secondo la condizione sociale del titolare del diritto.

Art. 1022.
Abitazione.
Chi ha il diritto di abitazione di una casa può abitarla limitatamente ai bisogni suoi e della sua famiglia.

Art. 1023.
Ambito della famiglia.
Nella famiglia si comprendono anche i figli nati dopo che è cominciato il diritto d'uso o d'abitazione, quantunque nel tempo in cui il diritto è sorto la persona non avesse contratto matrimonio. Si comprendono inoltre i figli adottivi [c.c. 291] e i figli riconosciuti, anche se l'adozione o il riconoscimento sono seguiti dopo che il diritto era già sorto. Si comprendono infine le persone che convivono con il titolare del diritto per prestare a lui o alla sua famiglia i loro servizi [c.c. 2240].

Art. 1024.
Divieto di cessione.
I diritti di uso e di abitazione non si possono cedere o dare in locazione.

Art. 1025.
Obblighi inerenti all'uso e all'abitazione.

Chi ha l'uso di un fondo e ne raccoglie tutti i frutti o chi ha il diritto di abitazione e occupa tutta la casa è tenuto alle spese di coltura, alle riparazioni ordinarie e al pagamento dei tributi come l'usufruttuario. Se non raccoglie che una parte dei frutti o non occupa che una parte della casa, contribuisce in proporzione di ciò che gode.

Art. 1026.
Applicabilità delle norme sull'usufrutto.

Le disposizioni relative all'usufrutto si applicano, in quanto compatibili, all'uso e all'abitazione.

Capo V

Delle servitù prediali

La servitù prediale consiste nel peso imposto sopra un fondo cosiddetto fondo servente per l'utilità di un altro fondo detto fondo servente.

Il fondo principale, quindi, deve sopportare il peso della servitù limitando il godimento, il vantaggio della servitù può essere immediata oppure futuro.

Le servitù possono essere apparenti oppure negative come un obbligo di non fare ad esempio il proprietario del fondo servente non può elevare una costruzione ad una certa altezza in favore del fondo dominante.

Le servitù sono poi ovviamente positive come la servitù di passaggio.

Le spese inerenti alle servitù spettano al proprietario del fondo dominante, il quale però può imporre un prezzo per la servitù.

Si riportano gli art. dal 1027 al 1031 del c.c. per una maggior comprensione.

Art. 1027.
Contenuto del diritto.
La servitù prediale consiste nel peso imposto sopra un fondo per l'utilità di un altro fondo appartenente a diverso proprietario.

Art. 1028.
Nozione dell'utilità.
L'utilità può consistere anche nella maggiore comodità o amenità del fondo dominante. Può del pari essere inerente alla destinazione industriale del fondo.

Art. 1029.
Servitù per vantaggio futuro.
È ammessa la costituzione di una servitù per assicurare a un fondo un vantaggio futuro.
È ammessa altresì a favore o a carico di un edificio da costruire o di un fondo da acquistare; ma in questo caso la costituzione non ha effetto se non dal giorno in cui l'edificio è costruito o il fondo è acquistato.

Art. 1030.
Prestazioni accessorie.
Il proprietario del fondo servente non è tenuto a compiere alcun atto per rendere possibile l'esercizio della servitù da parte del titolare, salvo che la legge o il titolo disponga altrimenti.

Art. 1031.
Costituzione delle servitù.
Le servitù prediali possono essere costituite coattivamente o volontariamente. Possono anche essere costituite per usucapione o per destinazione del padre di famiglia.

Sezione I

Delle servitù coattive

Le servitù prediali, oltre ad essere costituite volontariamente, per usucapione o per destinazione del padre di famiglia, possono essere costituite coattivamente: quando in forza di legge il proprietario di un fondo ha diritto di ottenere da parte del proprietario di un altro fondo la costituzione di una servitù, questa, in mancanza di contratto, è costituita con sentenza. La servitù può essere anche costituita con atto della autorità amministrativa nei casi previsti dalla legge.

Il codice disciplina la servitù di passaggio coattivo, la servitù di acquedotto coattivo e la servitù di scarico coattivo, quando il passaggio viene chiesto al fine di scaricare acque sovrabbondanti che il vicino non consente di ricevere nel suo fondo.

Per una maggior comprensione, riporto gli articoli dal 1031 al 1057 del codice civile.

Art. 1032.
Modi di costituzione.
Quando, in forza di legge, il proprietario di un fondo ha diritto di ottenere da parte del proprietario di un altro fondo la costituzione di una servitù, questa, in mancanza di contratto, è costituita con sentenza. Può anche essere costituita con atto dell'autorità amministrativa nei casi specialmente determinati dalla legge (1).
La sentenza stabilisce le modalità della servitù e determina l'indennità dovuta.
Prima del pagamento dell'indennità il proprietario del fondo servente può opporsi all'esercizio della servitù.

Art. 1033.
Obbligo di dare passaggio alle acque.
Il proprietario è tenuto a dare passaggio per i suoi fondi alle acque di ogni specie che si vogliono condurre da parte di chi ha, anche solo temporaneamente, il diritto di utilizzarle per i bisogni della vita o per usi agrari o industriali.
Sono esenti da questa servitù le case, i cortili, i giardini e le aie ad esse attinenti.

Art. 1034.
Apertura di nuovo acquedotto.
Chi ha diritto di condurre acque per il fondo altrui deve costruire il necessario acquedotto, ma non può far defluire le acque negli acquedotti già esistenti e destinati al corso di altre acque.

Il proprietario del fondo soggetto alla servitù può tuttavia impedire la costruzione, consentendo il passaggio nei propri acquedotti già esistenti, qualora ciò non rechi notevole pregiudizio alla condotta che si domanda. In tal caso al proprietario dell'acquedotto è dovuta una indennità da determinarsi avuto riguardo all'acqua che s'introduce, al valore dell'acquedotto, alle opere che si rendono necessarie per il nuovo passaggio e alle maggiori spese di manutenzione.

La facoltà indicata dal comma precedente non è consentita al proprietario del fondo servente nei confronti della pubblica amministrazione.

Art. 1035.
Attraversamento di acquedotti.
Chi vuol condurre l'acqua per il fondo altrui può attraversare al disopra o al disotto gli acquedotti preesistenti, appartengano essi al proprietario del fondo o ad altri, purché esegua le opere necessarie a impedire ogni danno o alterazione degli acquedotti stessi.

Art. 1036.
Attraversamento di fiumi o di strade.
Se per la condotta delle acque occorre attraversare strade pubbliche o corsi di acque pubbliche, si osservano le leggi e i regolamenti sulle strade e sulle acque.

Art. 1037.
Condizioni per la costituzione della servitù.
Chi vuol far passare le acque sul fondo altrui deve dimostrare che può disporre dell'acqua durante il tempo per cui chiede il passaggio; che la medesima è sufficiente per l'uso al quale si vuol destinare; che il passaggio richiesto è il più conveniente e il meno pregiudizievole al fondo servente, avuto riguardo alle condizioni dei fondi vicini, al pendio e alle altre condizioni per la condotta, per il corso e lo sbocco delle acque.

Art. 1038.
Indennità per l'imposizione della servitù.

Prima di imprendere la costruzione dell'acquedotto, chi vuol condurre acqua per il fondo altrui deve pagare il valore, secondo la stima, dei terreni da occupare, senza detrazione delle imposte e degli altri carichi inerenti al fondo, oltre l'indennità per i danni, ivi compresi quelli derivanti dalla separazione in due o più parti o da altro deterioramento del fondo da intersecare.

Per i terreni, però, che sono occupati soltanto per il deposito delle materie estratte e per il getto dello spurgo non si deve pagare che la metà del valore del suolo, e sempre senza detrazione delle imposte e degli altri carichi inerenti; ma nei terreni medesimi il proprietario del fondo servente può fare piantagioni e rimuovere e trasportare le materie ammucchiate, purché tutto segua senza danno dell'acquedotto, del suo spurgo e della sua riparazione.

Art. 1039.
Indennità per il passaggio temporaneo.

Qualora il passaggio delle acque sia domandato per un tempo non maggiore di nove anni, il pagamento dei valori e delle indennità indicati dall'articolo precedente è ristretto alla sola metà, ma con l'obbligo, scaduto il termine, di rimettere le cose nel primitivo stato.

Il passaggio temporaneo può essere reso perpetuo prima della scadenza del termine mediante il pagamento dell'altra metà con gli interessi legali dal giorno in cui il passaggio è stato praticato; scaduto il termine, non si tiene più conto di ciò che è stato pagato per la concessione temporanea.

Art. 1040.
Uso dell'acquedotto.

Chi possiede un acquedotto nel fondo altrui non può immettervi maggiore quantità d'acqua, se l'acquedotto non ne è capace o ne può venir danno al fondo servente.

Se l'introduzione di una maggior quantità d'acqua esige nuove opere, queste non possono farsi, se prima non se ne determinano la natura e la qualità e non si paga la somma dovuta per il suolo da occupare e per i danni nel modo stabilito dall'articolo 1038.

La stessa disposizione si applica anche quando per il passaggio attraverso un acquedotto occorre sostituire una tomba a un ponte-canale o viceversa.

Art. 1041.
Letto dell'acquedotto.
È sempre in facoltà del proprietario del fondo servente di far determinare stabilmente il letto dell'acquedotto con l'apposizione di capisaldi o soglie da riportarsi a punti fissi. Se però di tale facoltà egli non ha fatto uso al tempo della concessione dell'acquedotto, deve sopportare la metà delle spese occorrenti.

Art. 1042.
Obblighi inerenti all'uso di corsi contigui a fondi altrui.
Se un corso d'acqua impedisce ai proprietari dei fondi contigui l'accesso ai medesimi, o la continuazione dell'irrigazione o dello scolo delle acque, coloro che si servono di quel corso sono obbligati, in proporzione del beneficio che ne ritraggono, a costruire e a mantenere i ponti e i loro accessi sufficienti per un comodo e sicuro transito, come pure le botti sotterranee, i ponti-canali o altre opere simili per continuare l'irrigazione o lo scolo, salvi i diritti derivanti dal titolo o dall'usucapione.

Art. 1043.
Scarico coattivo.
Le disposizioni contenute negli articoli precedenti per il passaggio delle acque si applicano anche se il passaggio è domandato al fine di scaricare acque sovrabbondanti che il vicino non consente di ricevere nel suo fondo.

Lo scarico può essere anche domandato per acque impure, purché siano adottate le precauzioni atte a evitare qualsiasi pregiudizio o molestia.

Art. 1044.
Bonifica.
Ferme le disposizioni delle leggi sulla bonifica e sul vincolo forestale, il proprietario che intende prosciugare o bonificare le sue terre con fognature, con colmate o altri mezzi ha diritto, premesso il pagamento dell'indennità e col minor danno possibile, di condurre per fogne o per fossi le acque di scolo attraverso i fondi che separano le sue terre da un corso d'acqua o da qualunque altro colatoio.

Se il prosciugamento risulta in contrasto con gli interessi di coloro che utilizzano le acque provenienti dal fondo paludoso, e se gli opposti interessi non si possono conciliare con opportune opere che importino *una spesa proporzionata allo scopo, l'autorità giudiziaria dà le disposizioni per assicurare l'interesse prevalente, avuto in ogni caso riguardo alle esigenze generali della produzione. Se si fa luogo al prosciugamento, può essere assegnata una congrua indennità a coloro che al prosciugamento si sono opposti.*

Art. 1045.
Utilizzazione di fogne o di fossi altrui.
I proprietari dei fondi attraversati da fogne o da fossi altrui, o che altrimenti possono approfittare dei lavori fatti in forza dell'articolo precedente, hanno facoltà di servirsene per risanare i loro fondi, a condizione che non ne venga danno ai fondi già risanati e che essi sopportino le nuove spese occorrenti per modificare le opere già eseguite, affinché queste siano in grado di servire anche ai fondi attraversati, e inoltre sopportino una parte proporzionale delle spese già fatte e di quelle richieste per il mantenimento delle opere, le quali divengono comuni.

Art. 1046.
Norme per l'esecuzione delle opere.
Nell'esecuzione delle opere indicate dagli articoli precedenti sono applicabili le disposizioni del secondo comma dell'articolo 1033 e degli articoli 1035 e 1036.

Art. 1047.
Contenuto della servitù.
Chi ha diritto di derivare acque da fiumi, torrenti, rivi, canali, laghi o serbatoi può, qualora sia necessario, appoggiare o infiggere una chiusa alle sponde, con l'obbligo però di pagare l'indennità e di fare e mantenere le opere atte ad assicurare i fondi da ogni danno.

Art. 1048.
Obblighi degli utenti.
Nella derivazione e nell'uso delle acque a norma del precedente articolo, deve evitarsi tra gli utenti superiori e gli inferiori ogni vicendevole pregiudizio che possa provenire dallo stagnamento, dal rigurgito o dalla diversione delle acque medesime.

Art. 1049.
Somministrazione di acqua a un edificio.

Se a una casa o alle sue dipendenze manca l'acqua necessaria per l'alimentazione degli uomini o degli animali e per gli altri usi domestici, e non è possibile procurarla senza eccessivo dispendio, il proprietario del fondo vicino deve consentire che sia dedotta l'acqua di sopravanzo nella misura indispensabile per le necessità anzidette.

Prima che siano iniziati i lavori, deve pagarsi il valore dell'acqua, che si chiede di dedurre, calcolato per un'annualità. Si devono altresì sostenere tutte le spese per le opere di presa e di derivazione. Si applicano inoltre le disposizioni del primo comma dell'articolo 1038. In mancanza di convenzione, la sentenza determina le modalità della derivazione e l'indennità dovuta.

Qualora si verifichi un mutamento nelle condizioni originarie, la derivazione può essere soppressa su istanza dell'una o dell'altra parte.

Art. 1050.
Somministrazione di acqua a un fondo.

Le norme stabilite dall'articolo precedente si applicano anche se il proprietario di un fondo non ha acqua per irrigarlo, quando le acque del fondo vicino consentono una parziale somministrazione, dopo soddisfatto ogni bisogno domestico, agricolo o industriale.

Le disposizioni di questo articolo e del precedente non si applicano nel caso in cui delle acque si dispone in forza di concessione amministrativa.

Art. 1051.
Passaggio coattivo.

Il proprietario, il cui fondo è circondato da fondi altrui, e che non ha uscita sulla via pubblica né può procurarsela senza eccessivo dispendio o disagio, ha diritto di ottenere il passaggio sul fondo vicino per la coltivazione e il conveniente uso del proprio fondo.

Il passaggio si deve stabilire in quella parte per cui l'accesso alla via pubblica è più breve e riesce di minore danno al fondo sul quale è consentito. Esso può essere stabilito anche mediante sottopassaggio, qualora ciò sia preferibile, avuto riguardo al vantaggio del fondo dominante e al pregiudizio del fondo servente.

Le stesse disposizioni si applicano nel caso in cui taluno, avendo un passaggio sul fondo altrui, abbia bisogno ai fini suddetti di ampliarlo per il transito dei veicoli anche a trazione meccanica.

Sono esenti da questa servitù le case, i cortili, i giardini e le aie ad esse attinenti.

Art. 1052.
Passaggio coattivo a favore di fondo non intercluso.
Le disposizioni dell'articolo precedente si possono applicare anche se il proprietario del fondo ha un accesso alla via pubblica, ma questo è inadatto o insufficiente ai bisogni del fondo e non può essere ampliato. Il passaggio può essere concesso dall'autorità giudiziaria solo quando questa riconosce che la domanda risponde alle esigenze dell'agricoltura o dell'industria.

Art. 1053.
Indennità.
Nei casi previsti dai due articoli precedenti è dovuta un'indennità proporzionata al danno cagionato dal passaggio.
Qualora, per attuare il passaggio, sia necessario occupare con opere stabili o lasciare incolta una zona del fondo servente, il proprietario che lo domanda deve, prima d'imprendere le opere o di iniziare il passaggio, pagare il valore della zona predetta nella misura stabilita dal primo comma dell'articolo 1038.

Art. 1054.
Interclusione per effetto di alienazione o di divisione.
Se il fondo è divenuto da ogni parte chiuso per effetto di alienazione a titolo oneroso, il proprietario ha diritto di ottenere dall'altro contraente il passaggio senza alcuna indennità.
La stessa norma si applica in caso di divisione.

Art. 1055.
Cessazione dell'interclusione.
Se il passaggio cessa di essere necessario, può essere soppresso in qualunque tempo a istanza del proprietario del fondo dominante o del fondo servente. Quest'ultimo deve restituire il compenso ricevuto; ma l'autorità giudiziaria può disporre una riduzione della somma, avuto riguardo alla durata della servitù e al danno sofferto. Se l'indennità fu convenuta in annualità, la prestazione cessa dall'anno successivo.

Art. 1056.
Passaggio di condutture elettriche.
Ogni proprietario è tenuto a dare passaggio per i suoi fondi alle condutture elettriche, in conformità delle leggi in materia.

Art. 1057.
Passaggio di vie funicolari.
Ogni proprietario è parimenti tenuto a lasciar passare sopra il suo fondo le gomene di vie funicolari aeree a uso agrario o industriale e a tollerare sul fondo le opere, i meccanismi e le occupazioni necessarie a tale scopo, in conformità delle leggi in materia.

Sezione II

Delle servitù volontarie

Le servitù prediali possono essere costituite per contratto o per testamento: possono anche acquistarsi per usucapione o per destinazione del padre di famiglia.

L'uso della servitù deve avvenire *civiliter,* cioè dev'essere utilizzata dal proprietario del fondo dominante con minor aggravio per il proprietario del fondo servente.

Al fine di meglio comprendere le servitù prediali volontarie, riporto tutti gli articoli del codice civile che le regolamentano, ossia dal 1058 al 1099.

Art. 1058.
Modi di costituzione.
Le servitù prediali possono essere costituite per contratto o per testamento.

Art. 1059.
Servitù concessa da uno dei comproprietari.
La servitù concessa da uno dei comproprietari di un fondo indiviso non è costituita se non quando gli altri l'hanno anch'essi concessa unitamente o separatamente.
La concessione, però, fatta da uno dei comproprietari, indipendentemente dagli altri, obbliga il concedente e i suoi eredi o aventi causa a non porre impedimento all'esercizio del diritto concesso.

Art. 1060.
Servitù costituite dal nudo proprietario.
Il proprietario può, senza il consenso dell'usufruttuario, imporre sul fondo le servitù che non pregiudicano il diritto di usufrutto.

Art. 1061.
Servitù non apparenti.
Le servitù non apparenti non possono acquistarsi per usucapione o per destinazione del padre di famiglia.
Non apparenti sono le servitù quando non si hanno opere visibili e

permanenti destinate al loro esercizio.

Art. 1062.
Destinazione del padre di famiglia.
La destinazione del padre di famiglia ha luogo quando consta, mediante qualunque genere di prova, che due fondi, attualmente divisi, sono stati posseduti dallo stesso proprietario, e che questi ha posto o lasciato le cose nello stato dal quale risulta la servitù.
Se i due fondi cessarono di appartenere allo stesso proprietario, senza alcuna disposizione relativa alla servitù, questa si intende stabilita attivamente e passivamente a favore e sopra ciascuno dei fondi separati.

Art. 1063.
Norme regolatrici.
L'estensione e l'esercizio delle servitù sono regolati dal titolo e, in mancanza, dalle disposizioni seguenti.

Art. 1064.
Estensione del diritto di servitù.
Il diritto di servitù comprende tutto ciò che è necessario per usarne. Se il fondo viene chiuso, il proprietario deve lasciarne libero e comodo l'ingresso a chi ha un diritto di servitù che renda necessario il passaggio per il fondo stesso.

Art. 1065.
Esercizio conforme al titolo o al possesso.
Colui che ha un diritto di servitù non può usarne se non a norma del suo titolo o del suo possesso. Nel dubbio circa l'estensione e le modalità di esercizio, la servitù deve ritenersi costituita in guisa da soddisfare il bisogno del fondo dominante col minor aggravio del fondo servente.

Art. 1066.
Possesso delle servitù.
Nelle questioni di possesso delle servitù si ha riguardo alla pratica dell'anno antecedente e, se si tratta di servitù esercitate a intervalli maggiori di un anno, si ha riguardo alla pratica dell'ultimo godimento.

Art. 1067.
Divieto di aggravare o di diminuire l'esercizio della servitù.

Il proprietario del fondo dominante non può fare innovazioni che rendano più gravosa la condizione del fondo servente.

Il proprietario del fondo servente non può compiere alcuna cosa che tenda a diminuire l'esercizio della servitù o a renderlo più incomodo.

Art. 1068.
Trasferimento della servitù in luogo diverso.

Il proprietario del fondo servente non può trasferire l'esercizio della servitù in luogo diverso da quello nel quale è stata stabilita originariamente.

Tuttavia, se l'originario esercizio è divenuto più gravoso per il fondo servente o se impedisce di fare lavori, riparazioni o miglioramenti, il proprietario del fondo servente può offrire al proprietario dell'altro fondo un luogo egualmente comodo per l'esercizio dei suoi diritti, e questi non può ricusarlo.

Il cambiamento di luogo per l'esercizio della servitù si può del pari concedere su istanza del proprietario del fondo dominante, se questi prova che il cambiamento riesce per lui di notevole vantaggio e non reca danno al fondo servente.

L'autorità giudiziaria può anche disporre che la servitù sia trasferita su altro fondo del proprietario del fondo servente o di un terzo che vi acconsenta, purché l'esercizio di essa riesca egualmente agevole al proprietario del fondo dominante.

Art. 1069.
Opere sul fondo servente.

Il proprietario del fondo dominante, nel fare le opere necessarie per conservare la servitù, deve scegliere il tempo e il modo che siano per recare minore incomodo al proprietario del fondo servente.

Egli deve fare le opere a sue spese, salvo che sia diversamente stabilito dal titolo o dalla legge.

Se però le opere giovano anche al fondo servente, le spese sono sostenute in proporzione dei rispettivi vantaggi.

Art. 1070.
Abbandono del fondo servente.

Il proprietario del fondo servente, quando è tenuto in forza del titolo o della legge alle spese necessarie per l'uso o per la conservazione della servitù, può sempre liberarsene, rinunziando alla proprietà del fondo servente a favore del proprietario del fondo dominante.

Nel caso in cui l'esercizio della servitù sia limitato a una parte del fondo, la rinunzia può limitarsi alla parte stessa.

Art. 1071.
Divisione del fondo dominante o del fondo servente.

Se il fondo dominante viene diviso, la servitù è dovuta a ciascuna porzione, senza che però si renda più gravosa la condizione del fondo servente.

Se il fondo servente viene diviso e la servitù ricade su una parte determinata del fondo stesso, le altre parti sono liberate.

Art. 1072.
Estinzione per confusione.

La servitù si estingue quando in una sola persona si riunisce la proprietà del fondo dominante con quella del fondo servente.

Art. 1073.
Estinzione per prescrizione.

La servitù si estingue per prescrizione quando non se ne usa per venti anni.

Il termine decorre dal giorno in cui si è cessato di esercitarla; ma, se si tratta di servitù negativa o di servitù per il cui esercizio non è necessario il fatto dell'uomo, il termine decorre dal giorno in cui si è verificato un fatto che ne ha impedito l'esercizio.

Nelle servitù che si esercitano a intervalli, il termine decorre dal giorno in cui la servitù si sarebbe potuta esercitare e non ne fu ripreso l'esercizio.

Agli effetti dell'estinzione si computa anche il tempo per il quale la servitù non fu esercitata dai precedenti titolari.

Se il fondo dominante appartiene a più persone in comune, l'uso della servitù fatto da una di esse impedisce l'estinzione riguardo a tutte.

La sospensione o l'interruzione della prescrizione a vantaggio di uno dei comproprietari giova anche agli altri.

Art. 1074.
Impossibilità di uso e mancanza di utilità.

L'impossibilità di fatto di usare della servitù e il venir meno dell'utilità della medesima non fanno estinguere la servitù, se non è decorso il termine indicato dall'articolo precedente.

Art. 1075.
Esercizio limitato della servitù.
La servitù esercitata in modo da trarne un'utilità minore di quella indicata dal titolo si conserva per intero.

Art. 1076.
Esercizio della servitù non conforme al titolo o al possesso.
L'esercizio di una servitù in tempo diverso da quello determinato dal titolo o dal possesso non ne impedisce l'estinzione per prescrizione.

Art. 1077.
Servitù costituite sul fondo enfiteutico.
Le servitù costituite dall'enfiteuta sul fondo enfiteutico cessano quando l'enfiteusi si estingue per decorso del termine, per prescrizione o per devoluzione.

Art. 1078.
Servitù costituite a favore del fondo enfiteutico, dotale o in usufrutto.
Le servitù costituite dall'enfiteuta a favore del fondo enfiteutico non cessano con l'estinguersi dell'enfiteusi. Lo stesso vale per le servitù costituite dall'usufruttuario a favore del fondo di cui ha l'usufrutto o dal marito a favore del fondo dotale.

Art. 1079.
Accertamento della servitù e altri provvedimenti di tutela.
Il titolare della servitù può farne riconoscere in giudizio l'esistenza contro chi ne contesta l'esercizio e può far cessare gli eventuali impedimenti e turbative. Può anche chiedere la rimessione delle cose in pristino, oltre il risarcimento dei danni.

Art. 1080.
Presa d'acqua continua.
Il diritto alla presa d'acqua continua si può esercitare in ogni istante.

Art. 1081.
Modulo d'acqua.
Nelle servitù in cui è convenuta ed espressa una costante quantità di acqua, la quantità deve esprimersi in relazione al modulo.

Il modulo è l'unità di misura dell'acqua corrente.
Esso è un corpo d'acqua che scorre nella costante quantità di cento litri al minuto secondo e si divide in decimi, centesimi e millesimi.

Art. 1082.
Forma della bocca e dell'edificio derivatore.
Quando, per la derivazione di una data e costante quantità di acqua corrente, è stata determinata la forma della bocca e dell'edificio derivatore, le parti non possono chiederne la modificazione per eccedenza o deficienza d'acqua, salvo che l'eccedenza o la deficienza provenga da variazioni seguite nel canale dispensatore o nel corso delle acque in esso correnti.
Se la forma non è stata determinata, ma la bocca e l'edificio derivatore sono stati costruiti e posseduti per cinque anni, non è neppure ammesso dopo tale tempo alcun reclamo delle parti per eccedenza o deficienza d'acqua, salvo nel caso di variazione seguita nel canale o nel corso delle acque.
In mancanza di titolo o di possesso, la forma è determinata dall'autorità giudiziaria.

Art. 1083.
Determinazione della quantità di acqua.
Quando la quantità d'acqua non è stata determinata, ma la derivazione è stata fatta per un dato scopo, s'intende concessa la quantità necessaria per lo scopo medesimo, e chi vi ha interesse può in ogni tempo fare stabilire la forma della derivazione in modo che ne venga assicurato l'uso necessario e impedito l'eccesso.
Se però è stata determinata la forma della bocca e dell'edificio derivatore, o se, in mancanza di titolo, si è posseduta per cinque anni la derivazione in una data forma, non è ammesso reclamo delle parti, se non nel caso indicato dall'articolo precedente.

Art. 1084.
Norme regolatrici della servitù.
Per l'esercizio della servitù di presa d'acqua, quando non dispone il titolo o non è possibile riferirsi al possesso, si osservano gli usi locali. In mancanza di tali usi si osservano le disposizioni dei tre articoli seguenti.

Art. 1085.
Tempo d'esercizio della servitù.
Il diritto alla presa d'acqua si esercita, per l'acqua estiva,
dall'equinozio di primavera a quello d'autunno; per l'acqua iemale,
dall'equinozio d'autunno a quello di primavera.
La distribuzione d'acqua per giorni e per notti si riferisce al giorno e
alla notte naturali.
L'uso delle acque nei giorni festivi è regolato dalle feste di precetto
vigenti al tempo in cui l'uso fu convenuto o in cui si è incominciato a
possedere.

Art. 1086.
Distribuzione per ruota.
Nelle distribuzioni per ruota il tempo che impiega l'acqua per giungere
alla bocca di derivazione dell'utente si consuma a suo carico, e la coda
dell'acqua appartiene a quello di cui cessa il turno.

Art. 1087.
Acque sorgenti o sfuggite.
Nei canali soggetti a distribuzioni per ruota le acque sorgenti o
sfuggite, ma contenute nell'alveo del canale, non possono trattenersi o
derivarsi da un utente che al tempo del suo turno.

Art. 1088.
Variazione del turno tra gli utenti.
Gli utenti dei medesimi canali possono variare o permutare tra loro il
turno, purché tale cambiamento non rechi danno agli altri.

Art. 1089.
Acqua impiegata come forza motrice.
Chi ha diritto di servirsi dell'acqua come forza motrice non può, senza
espressa disposizione del titolo, impedirne o rallentarne il corso,
procurandone il ribocco o ristagno.

Art. 1090.
Manutenzione del canale.
Nella servitù di presa o di condotta d'acqua, quando il titolo non
dispone altrimenti, il proprietario del fondo servente può domandare
che il canale sia mantenuto convenientemente spurgato e le sue sponde
siano tenute in istato di buona manutenzione a spese del proprietario
del fondo dominante.

Art. 1091.
Obblighi del concedente fino al luogo di consegna dell'acqua.

Se il titolo non dispone diversamente, il concedente dell'acqua di una fonte o di un canale è tenuto verso gli utenti ad eseguire le opere ordinarie e straordinarie per la derivazione e condotta dell'acqua fino al punto in cui ne fa la consegna, a mantenere in buono stato gli edifici, a conservare l'alveo e le sponde della fonte o del canale, a praticare i consueti spurghi e a usare la dovuta diligenza, affinché la derivazione e la regolare condotta dell'acqua siano in tempi debiti effettuate.

Art. 1092.
Deficienza dell'acqua.

La deficienza dell'acqua deve essere sopportata da chi ha diritto di prenderla e di usarla nel tempo in cui la deficienza si verifica.
Tra diversi utenti la deficienza dell'acqua deve essere sopportata prima da quelli che hanno titolo o possesso più recente, e tra utenti in parità di condizione dall'ultimo utente.
Tuttavia l'autorità giudiziaria, con provvedimento in camera di consiglio, sentiti gli uffici tecnici competenti, può modificare o limitare i turni di utilizzazione e dare le altre disposizioni necessarie in relazione alla quantità di acqua disponibile, agli usi e alle colture a cui l'acqua è destinata.
Il concedente dell'acqua è tenuto a una proporzionale diminuzione del corrispettivo per la deficienza dell'acqua verificatasi per causa naturale o per fatto altrui. Parimenti si fa luogo alle dovute indennità in conseguenza delle modificazioni o limitazioni di turni, che siano state disposte dall'autorità giudiziaria.

Art. 1093.
Riduzione della servitù.

Se la servitù dà diritto di derivare acqua da un fondo e per fatti indipendenti dalla volontà del proprietario si verifica una diminuzione dell'acqua tale che essa non possa bastare alle esigenze del fondo servente, il proprietario di questo può chiedere una riduzione della servitù, avuto riguardo ai bisogni di ciascun fondo. In questo caso è dovuta una congrua indennità al proprietario del fondo dominante.

Art. 1094.
Servitù attiva degli scoli.

Gli scoli o acque colaticce derivanti dall'altrui fondo possono costituire oggetto di servitù a favore del fondo che li riceve, all'effetto di impedire la loro diversione.

Art. 1095.
Usucapione della servitù attiva degli scoli.
Nella servitù attiva degli scoli il termine per l'usucapione comincia a decorrere dal giorno in cui il proprietario del fondo dominante ha fatto sul fondo servente opere visibili e permanenti destinate a raccogliere e condurre i detti scoli a vantaggio del proprio fondo.

Quando sul fondo servente è aperto un cavo destinato a raccogliere e condurre gli scoli, il regolare spurgo e la manutenzione delle sponde fanno presumere che il cavo sia opera del proprietario del fondo dominante, purché non vi sia titolo, segno o prova in contrario.

Si reputa segno contrario l'esistenza sul cavo di opere costruite o mantenute dal proprietario del fondo in cui il cavo è aperto.

Art. 1096.
Diritti del proprietario del fondo servente.
La servitù degli scoli non toglie al proprietario del fondo servente il diritto di usare liberamente dell'acqua a vantaggio del suo fondo, di cambiare la coltivazione di questo e di abbandonarne in tutto o in parte l'irrigazione.

Art. 1097.
Diritto agli avanzi d'acqua.
Quando l'acqua è concessa, riservata o posseduta per un determinato uso, con restituzione al concedente o ad altri di ciò che ne sopravanza, tale uso non può variarsi a danno del fondo a cui la restituzione è dovuta.

Art. 1098.
Divieto di deviare acque di scolo o avanzi d'acqua.
Il proprietario del fondo vincolato alla restituzione degli scoli o degli avanzi d'acqua non può deviarne una parte qualunque adducendo di avervi introdotto una maggiore quantità di acqua viva o un diverso corpo, ma deve lasciarli discendere nella totalità a favore del fondo dominante.

Art. 1099.
Sostituzione di acqua viva.

Il proprietario del fondo soggetto alla servitù degli scoli o degli avanzi d'acqua può sempre liberarsi da tale servitù mediante la concessione e l'assicurazione al fondo dominante di un corpo d'acqua viva, la cui quantità è determinata dall'autorità giudiziaria, tenuto conto di tutte le circostanze.

Titolo IV

Dei diritti reali di garanzia

I diritti reali di garanzia sono invece pegno, ipoteca e privilegio speciale, e servono a fornire una *garanzia* per un credito: il creditore titolare del diritto di garanzia si potrà così soddisfare in via preferenziale sul bene oggetto del diritto.

Il privilegio generale (che grava su tutti i beni del debitore) non è un diritto reale di garanzia, perché è previsto eccezionalmente e solo nei casi tassativi di legge.

Il privilegio speciale, invece, grava su beni determinati e ha carattere di realità.

Essi vanno distinti dai diritti personali di garanzia che sono: l'avallo, la fideiussione, la lettera di manleva, il mandato di credito.

Ogni diritto reale consiste di uno o più poteri che il suo titolare può esercitare sul bene oggetto del diritto e che, nel loro insieme, formano il cosiddetto contenuto del diritto.

La proprietà è il diritto reale che consente la più ampia sfera di poteri che un soggetto possa esercitare su un bene.

È il diritto di godere e disporre delle cose in modo pieno ed esclusivo, entro i limiti e nei modi che la legge prevede.

Tra i limiti previsti dalla legge vi rientrano proprio gli altri diritti reali (cosiddetti *minori, parziali, limitati*) che possono comprimere - essi e solo essi dato il numerus clausus degli stessi secondo l'insegnamento tradizionale - il diritto di proprietà.

Il diritto reale assoluto pieno di proprietà è tutelato dalla azione di rivendicazione (art. 948 c.c.) e da quella negatoria (art. 949 c.c.).

La proprietà inoltre, anche se imprescrittibile, è soggetta a usucapione.

Di nuda proprietà può parlarsi solo in caso di usufrutto, che costituisce il diritto reale limitato più penetrante e compressivo delle facoltà proprietarie.

Il Pegno

Altra forma di garanzia del credito è prevista invece per i beni mobili ed in alcuni casi anche per i beni mobili registrati come accade di recente per il fermo amministrativo degli autoveicoli, possono essere oggetto di pegno i preziosi.

Il pignoramento mobiliare differisce dall'ipoteca perché manca l'elemento della pubblicità, ossia i beni sottoposti a pignoramento non subiscono la trascrizione, conseguentemente un eventuale compratore terzo in buona fede conclude validamente il contratto nonostante il pignoramento posto dal creditore del debitore pignorato.
Quest'ultimo che di solito è anche allo stesso tempo il custode dei beni sottoposti a pignoramento è il responsabile dei beni stessi, quindi, poiché il debitore ed il custode coincidono, il debitore ha le responsabilità del custode e pertanto è penalmente responsabile ma la vendita è perfezionata, tranne il caso della malafede del compratore che è a conoscenza del pegno.

Si riporta l'art. 2784 del c.c. al fine di una maggior comprensione.

Art. 2784.
Nozione.
Il pegno è costituito a garanzia dell'obbligazione dal debitore o da un terzo per il debitore.

Possono essere dati in pegno i beni mobili , le universalità di mobili, i crediti e altri diritti aventi per oggetto beni mobili.

L'ipoteca

È una garanzia che ha ad oggetto un bene immobile di proprietà del debitore a favore del creditore, classico esempio è l'ipoteca data alla banca per ottenere il mutuo.
Esistono diverse forme di ipoteca:

1. **volontaria** è il debitore che offre il bene immobile in garanzia è il caso del mutuo bancario;

2. **giudiziale** quando si viene a determinare un contenzioso giudiziale ed il creditore garanzia del proprio credito trascrive sull'immobile l'ipoteca giudiziale al fine di salvaguardare il credito da una eventuale cessione del bene che il debitore potrebbe compiere in danno al creditore stesso.

Si riporta l'art. 2808 del c.c. per una maggior comprensione.

Art. 2808.
Costituzione ed effetti dell'ipoteca.
L'ipoteca attribuisce al creditore il diritto di espropriare, anche in confronto del terzo acquirente , i beni vincolati a garanzia del suo credito e di essere soddisfatto con preferenza sul prezzo ricavato dall'espropriazione.
L'ipoteca può avere per oggetto beni del debitore o di un terzo e si costituisce mediante iscrizione nei registri immobiliari .
L'ipoteca è legale, giudiziale o volontaria.

Titolo V

Della comunione ordinaria dei diritti

La comunione ordinaria è un regime giuridico che si distingue dalla comunione legale dei coniugi e dà ad oggetto tutti i diritti reali: in mancanza di patto contrario tra le parti, si applica una disciplina del codice civile.

Di fondamentale importanza costituiscono i principi secondo cui le quote dei partecipanti alla comunione si presumono uguali, ciascun partecipante può servirsi della cosa comune purché non ne alteri la destinazione e non ne impedisca agli altri partecipanti di farne parimenti uso, e secondo cui ciascun comunista può disporre del proprio diritto nei limiti della propria quota.

Organi fondamentali della comunione sono l'Amministratore e l'assemblea dei comunisti.

Per una maggior comprensione, si riportano gli art. dal 1100 al 1116 del codice civile.

Art. 1100.
Norme regolatrici.
Quando la proprietà o altro diritto reale spetta in comune a più persone, se il titolo o la legge non dispone diversamente, si applicano le norme seguenti.

Art. 1101.
Quote dei partecipanti.
Le quote dei partecipanti alla comunione si presumono eguali.
Il concorso dei partecipanti, tanto nei vantaggi quanto nei pesi della comunione, è in proporzione delle rispettive quote.

Art. 1102.
Uso della cosa comune.
Ciascun partecipante può servirsi della cosa comune, purché non ne alteri la destinazione e non impedisca agli altri partecipanti di farne parimenti uso secondo il loro diritto. A tal fine può apportare a proprie spese le modificazioni necessarie per il miglior godimento della cosa.
Il partecipante non può estendere il suo diritto sulla cosa comune in danno degli altri partecipanti, se non compie atti idonei a mutare il titolo del suo possesso.

Art. 1103.
Disposizione della quota.
Ciascun partecipante può disporre del suo diritto e cedere ad altri il godimento della cosa nei limiti della sua quota.
Per le ipoteche costituite da uno dei partecipanti si osservano le disposizioni contenute nel capo IV del titolo III del libro VI.

Art. 1104.
Obblighi dei partecipanti.
Ciascun partecipante deve contribuire nelle spese necessarie per la conservazione e per il godimento della cosa comune e nelle spese deliberate dalla maggioranza a norma delle disposizioni seguenti, salva la facoltà di liberarsene con la rinunzia al suo diritto.
La rinunzia non giova al partecipante che abbia anche tacitamente approvato la spesa.
Il cessionario del partecipante è tenuto in solido con il cedente a pagare i contributi da questo dovuti e non versati.

Art. 1105.
Amministrazione.
Tutti i partecipanti hanno diritto di concorrere nell'amministrazione della cosa comune.
Per gli atti di ordinaria amministrazione le deliberazioni della maggioranza dei partecipanti, calcolata secondo il valore delle loro

quote, sono obbligatorie per la minoranza dissenziente .

Per la validità delle deliberazioni della maggioranza si richiede che tutti i partecipanti siano stati preventivamente informati dell'oggetto della deliberazione.

Se non si prendono i provvedimenti necessari per l'amministrazione della cosa comune o non si forma una maggioranza, ovvero se la deliberazione adottata non viene eseguita, ciascun partecipante può ricorrere all'autorità giudiziaria. Questa provvede in camera di consiglio e può anche nominare un amministratore .

Art. 1106.
Regolamento della comunione e nomina di amministratore.
Con la maggioranza calcolata nel modo indicato dall'articolo precedente, può essere formato un regolamento per l'ordinaria amministrazione e per il miglior godimento della cosa comune.

Nello stesso modo l'amministrazione può essere delegata ad uno o più partecipanti, o anche a un estraneo, determinandosi i poteri e gli obblighi dell'amministratore.

Art. 1107.
Impugnazione del regolamento.
Ciascuno dei partecipanti dissenzienti può impugnare davanti all'autorità giudiziaria il regolamento della comunione entro trenta giorni dalla deliberazione che lo ha approvato. Per gli assenti il termine decorre dal giorno in cui è stata loro comunicata la deliberazione. L'autorità giudiziaria decide con unica sentenza sulle opposizioni proposte.

Decorso il termine indicato dal comma precedente senza che il regolamento sia stato impugnato, questo ha effetto anche per gli eredi e gli aventi causa dai singoli partecipanti.

Art. 1108.
Innovazioni e altri atti eccedenti l'ordinaria amministrazione.
Con deliberazione della maggioranza dei partecipanti che rappresenti almeno due terzi del valore complessivo della cosa comune, si possono disporre tutte le innovazioni dirette al miglioramento della cosa o a renderne più comodo o redditizio il godimento, purché esse non pregiudichino il godimento di alcuno dei partecipanti e non importino

una spesa eccessivamente gravosa.

Nello stesso modo si possono compiere gli altri atti eccedenti l'ordinaria amministrazione, sempre che non risultino pregiudizievoli all'interesse di alcuno dei partecipanti.

E' necessario il consenso di tutti i partecipanti per gli atti di alienazione o di costituzione di diritti reali sul fondo comune e per le locazioni di durata superiore a nove anni.

L'ipoteca può essere tuttavia consentita dalla maggioranza indicata dal primo comma, qualora abbia lo scopo di garantire la restituzione delle somme mutuate per la ricostruzione o per il miglioramento della cosa comune.

Art. 1109.
Impugnazione delle deliberazioni.
Ciascuno dei componenti la minoranza dissenziente può impugnare davanti all'autorità giudiziaria le deliberazioni della maggioranza:
1) nel caso previsto dal secondo comma dell'articolo 1105, se la deliberazione è gravemente pregiudizievole alla cosa comune;
2) se non è stata osservata la disposizione del terzo comma dell'articolo 1105;
3) se la deliberazione relativa a innovazioni o ad altri atti eccedenti l'ordinaria amministrazione è in contrasto con le norme del primo e del secondo comma dell'articolo 1108.

L'impugnazione deve essere proposta, sotto pena di decadenza, entro trenta giorni dalla deliberazione. Per gli assenti il termine decorre dal giorno in cui è stata loro comunicata la deliberazione. In pendenza del giudizio, l'autorità giudiziaria può ordinare la sospensione del provvedimento deliberato.

Art. 1110.
Rimborso di spese.
Il partecipante che, in caso di trascuranza degli altri partecipanti o dell'amministratore, ha sostenuto spese necessarie per la conservazione della cosa comune, ha diritto al rimborso.

Art. 1111.
Scioglimento della comunione.
Ciascuno dei partecipanti può sempre domandare lo scioglimento della comunione; l'autorità giudiziaria può stabilire una congrua dilazione, in ogni caso non superiore a cinque anni, se l'immediato scioglimento

può pregiudicare gli interessi degli altri.

Il patto di rimanere in comunione per un tempo non maggiore di dieci anni è valido e ha effetto anche per gli aventi causa dai partecipanti. Se è stato stipulato per un termine maggiore, questo si riduce a dieci anni. Se gravi circostanze lo richiedono, l'autorità giudiziaria può ordinare lo scioglimento della comunione prima del tempo convenuto.

Art. 1112.
Cose non soggette a divisione.
Lo scioglimento della comunione non può essere chiesto quando si tratta di cose che, se divise, cesserebbero di servire all'uso a cui sono destinate.

Art. 1113.
Intervento nella divisione e opposizioni.
I creditori e gli aventi causa da un partecipante possono intervenire nella divisione a proprie spese, ma non possono impugnare la divisione già eseguita, a meno che abbiano notificato un'opposizione anteriormente alla divisione stessa e salvo sempre ad essi l'esperimento dell'azione revocatoria o dell'azione surrogatoria.

Nella divisione che ha per oggetto beni immobili, l'opposizione, per l'effetto indicato dal comma precedente, deve essere trascritta prima della trascrizione dell'atto di divisione e, se si tratta di divisione giudiziale, prima della trascrizione della relativa domanda.

Devono essere chiamati a intervenire, perché la divisione abbia effetto nei loro confronti, i creditori iscritti e coloro che hanno acquistato diritti sull'immobile in virtù di atti soggetti a trascrizione e trascritti prima della trascrizione dell'atto di divisione o della trascrizione della domanda di divisione giudiziale.

Nessuna ragione di prelevamento in natura per crediti nascenti dalla comunione può opporsi contro le persone indicate dal comma precedente, eccetto le ragioni di prelevamento nascenti da titolo anteriore alla comunione medesima, ovvero da collazione.

Art. 1114.
Divisione in natura.
La divisione ha luogo in natura, se la cosa può essere comodamente divisa in parti corrispondenti alle quote dei partecipanti.

Art. 1115.
Obbligazioni solidali dei partecipanti.

Ciascun partecipante può esigere che siano estinte le obbligazioni in solido contratte per la cosa comune, le quali siano scadute o scadano entro l'anno dalla domanda di divisione.

La somma per estinguere le obbligazioni si preleva dal prezzo di vendita della cosa comune, e, se la divisione ha luogo in natura, si procede alla vendita di una congrua frazione della cosa, salvo diverso accordo tra i condividenti.

Il partecipante che ha pagato il debito in solido e non ha ottenuto il rimborso concorre nella divisione per una maggiore quota corrispondente al suo diritto verso gli altri condividenti.

Art. 1116.
Applicabilità delle norme sulla divisione ereditaria.

Alla divisione delle cose comuni si applicano le norme sulla divisione dell'eredità, in quanto non siano in contrasto con quelle sopra stabilite.

Titolo VI

Del condominio negli edifici

Capo I

Del fabbricato

Il fabbricato negli edifici è una forma di unione in proprietà forzosa di parti comuni facenti parte di un complesso e di proprietà di tutti i comunisti.

Si parla di stabile quando più soggetti hanno la proprietà esclusiva di parti distinte di un medesimo edificio – piani o porzioni di piano – e nel contempo la comproprietà delle parti comuni, collegate strutturalmente e funzionalmente al complesso delle unità immobiliari. La condivisione può infatti costituirsi per desiderio dei partecipanti o per legge.

Il condominio è uno dei casi in cui la comunione è obbligatoria, forzosa, indivisibile e irrinunciabile, come prevedere l'art. 1119 c.c. Per questo tipo di comunione è infatti prevista una disciplina specifica che si aggiunge, e a volte sostituisce, le regole previste per la comunione ordinaria. La materia è stata oggetto di varie riforme ed è contenuta negli articoli 1117 e seguenti del codice civile, ma anche nelle disposizioni di attuazione al codice civile artt. 61-72, dove sono regolati minuziosamente alcuni aspetti del condominio.

Per tutto quello non previsto dalla disciplina specifica sul condominio, si applicheranno le regole sulla comunione in generale.

Capo II

Dei requisiti per l'esistenza di un condominio

Per esserci condominio è necessario che vi siano delle parti di un edificio in comproprietà di più soggetti.

L'articolo 1117 del codice civile rubricato "parti comuni dell'edificio" del codice civile prevede quanto segue.

Sono oggetto di proprietà comune dei proprietari delle singole unità immobiliari dell'edificio, anche se aventi diritto a godimento periodico e se non risulta il contrario dal titolo:

1. tutte le parti dell'edificio necessarie all'uso comune, come il suolo su cui sorge l'edificio, le fondazioni, i muri maestri, i pilastri e le travi portanti, i tetti e i lastrici solari, le scale, i portoni di ingresso, i vestiboli, gli anditi, i portici, i cortili e le facciate;

2. le aree destinate a parcheggio nonché i locali per i servizi in comune, come la portineria, incluso l'alloggio del portiere, la lavanderia, gli stenditoi e i sottotetti destinati, per le caratteristiche strutturali e funzionali, all'uso comune;

3. le opere, le installazioni, i manufatti di qualunque genere destinati all'uso comune, come gli ascensori, i pozzi, le cisterne, gli impianti idrici e fognari, i sistemi centralizzati di distribuzione e di trasmissione per il gas, per l'energia elettrica, per il riscaldamento ed il condizionamento dell'aria, per la ricezione radiotelevisiva e per l'accesso a qualunque altro genere di flusso informativo, anche da satellite o via cavo, e i relativi collegamenti fino al punto di diramazione ai locali di proprietà individuale dei singoli condomini, ovvero, in caso di impianti unitari, fino al punto di utenza, salvo quanto disposto dalle normative di settore in materia di reti pubbliche.

Ciascuno dei condomini è simultaneamente proprietario esclusivo del singolo appartamento e contitolare, congiuntamente agli altri condomini, per una quota, di alcune parti dell'edificio destinate complessivamente e funzionalmente all'uso ed all'utilità comune.

La quota di comproprietà è calcolata in misura al valore di ciascuna di esse rispetto} a quello dell'edificio ed, in genere, è indicata in millesimi.

I millesimi di proprietà indicano in realtà il legame tra il prezzo della proprietà e il valore dell'intero fabbricato (che, per comodità, sono riportati in apposite tabelle millesimali).

Le tabelle millesimali si utilizzano per la spartizione delle spese condominiali, per la precisazione delle maggioranze di costituzione delle assemblee e per le votazioni delle delibere.

Si ha condominio quando i condomini sono quantomeno due (cd. condominio minimo). Se i proprietari sono più di otto, è poi obbligatoria la carica di un amministratore, differentemente i proprietari possono occuparsi direttamente all' amministrazione.

Per una maggiore disamina si rimanda al Libro I della presente collana, "Dell'Amministratore condominiale, con particolare riguardo ai compiti e poteri dell'Amministrazione".

Titolo VII

Del possesso

Capo I

Delle caratteristiche del possesso

Il possesso costituisce una situazione di fatto corrispondente all'esercizio della proprietà o di altro diritto reale.

Il possesso è caratterizzato dal *corpus* e dell'*animus possidendi* e si distingue dalla detenzione, per il semplice fatto che in quest'ultima il detentore riconosce lo *status* del possessore quale legittimo proprietario del bene.

Il possesso può essere di buonafede o di malafede: il possesso di buonafede consente l'acquisto della proprietà per usucapione.

Il possesso viene tutelato con particolare rigore dal legislatore attraverso l'azione possessoria, detta di reintegrazione e di manutenzione.

Costituiscono poi azioni possessori minori la denunzia di nuova opera e la denunzia di danno tenuto.

Si riportano gli art. dal 1140 al 1172 del codice civile, al fine di una maggior comprensione.

Art. 1140.
Possesso.

Il possesso è il potere sulla cosa che si manifesta in un'attività corrispondente all'esercizio della proprietà o di altro diritto reale. Si può possedere direttamente o per mezzo di altra persona, che ha la detenzione della cosa.

Art. 1141.
Mutamento della detenzione in possesso.

Si presume il possesso in colui che esercita il potere di fatto, quando non si prova che ha cominciato a esercitarlo semplicemente come detenzione.

Se alcuno ha cominciato ad avere la detenzione, non può acquistare il possesso finché il titolo non venga ad essere mutato per causa proveniente da un terzo o in forza di opposizione da lui fatta contro il possessore. Ciò vale anche per i successori a titolo universale.

Il possesso attuale non fa presumere il possesso anteriore, salvo che il possessore abbia un Titolo a fondamento del suo possesso; in questo caso si presume che egli abbia posseduto dalla data del titolo.

Art. 1142.
Presunzione di possesso intermedio.

Il possessore attuale che ha posseduto in tempo più remoto si presuppone che abbia posseduto anche nel tempo intermedio.

Art. 1143.
Presunzione di possesso anteriore.

Il possesso attuale non fa presumere il possesso anteriore, salvo che il possessore abbia un titolo a fondamento del suo possesso; in questo caso si presume che egli abbia posseduto dalla data del titolo.

Art. 1144.
Atti di tolleranza.

Gli atti compiuti con l'altrui tolleranza non possono servire di fondamento all'acquisto del possesso.

Art. 1145.
Possesso di cose fuori commercio.

Il possesso delle cose di cui non si può acquistare la proprietà è senza effetto.

Tuttavia, nei rapporti tra privati è concessa l'azione di spoglio rispetto ai beni appartenenti al pubblico demanio e ai beni delle province e dei comuni soggetti al regime proprio del demanio pubblico (822, 824). Se trattasi di esercizio di facoltà, le quali possono formare oggetto di concessione da parte della pubblica amministrazione, e data altresì l'azione di manutenzione.

Art. 1146.
Successione nel possesso. Accessione del possesso
Il possesso continua nell'erede con effetto dall'apertura della successione.
Il successore a titolo particolare può unire al proprio possesso quello del suo autore per goderne gli effetti.

Art. 1147.
Possesso di buona fede.
È possessore di buona fede chi possiede ignorando di ledere l'altrui diritto. La buona fede non giova se l'ignoranza dipende da colpa grave. La buona fede e presunta e basta che vi sia stata al tempo dell'acquisto.

Art. 1148.
Acquisto dei frutti.
Il possessore di buona fede fa suoi i frutti naturali separati fino al giorno della domanda giudiziale e i frutti civili maturati fino allo stesso giorno.
Egli, fino alla restituzione della cosa risponde verso il rivendicante dei frutti percepiti dopo la domanda giudiziale e di quelli che avrebbe potuto percepire dopo tale data, usando la diligenza di un buon padre di famiglia.

Art. 1149.
Rimborso delle spese per la produzione e il raccolto dei frutti.
Il possessore che è tenuto a restituire i frutti indebitamente percepiti ha diritto al rimborso delle spese a norma del secondo comma dell'art. 821.

Art. 1150.
Riparazioni, miglioramenti e addizioni.
Il possessore, anche se di mala fede ha diritto al rimborso delle spese fatte per le riparazioni straordinarie. Ha anche diritto a indennità per

i miglioramenti recati alla cosa, purché sussistano al tempo della restituzione.

L'indennità si deve corrispondere nella misura dell'aumento di valore conseguito dalla cosa per effetto dei miglioramenti, se il possessore è di buona fede; se il possessore è di mala fede, nella minor somma tra l'importo della spesa e l'aumento di valore.

Se il possessore è tenuto alla restituzione dei frutti, gli spetta anche il rimborso delle spese fatte per le riparazioni ordinarie, limitatamente al tempo per il quale la restituzione è dovuta.

Per le addizioni fatte dal possessore sulla cosa si applica il disposto dell'art. 936.

Tuttavia, se le addizioni costituiscono miglioramento e il possessore è di buona fede, e dovuta una indennità nella misura dell'aumento di valore conseguito dalla cosa.

Art. 1151.
Pagamento delle indennità.

L'autorità giudiziaria, avuto riguardo alle circostanze, può disporre che il pagamento delle indennità previste dall'articolo precedente sia fatto ratealmente, ordinando, in questo caso, le opportune garanzie.

Art. 1152.
Ritenzione a favore del possessore di buona fede.

Il possessore di buona fede può ritenere la cosa finché non gli siano corrisposte le indennità dovute, purché queste siano state domandate nel corso del giudizio di rivendicazione (948) e sia stata fornita una prova generica della sussistenza delle riparazioni e dei miglioramenti. Egli ha lo stesso diritto finché non siano prestate le garanzie ordinate dall'autorità giudiziaria nel caso previsto dall'articolo precedente.

Art. 1153.
Effetti dell'acquisto del possesso.

Colui al quale sono alienati beni mobili da parte di chi non ne è proprietario, ne acquista la proprietà mediante il possesso, purché sia in buona fede al momento della consegna e sussista un titolo idoneo al trasferimento della proprietà.

La proprietà si acquista libera da diritti altrui sulla cosa, se questi non risultano dal titolo e vi è la buona fede dell'acquirente. Nello stesso modo si acquistano diritti di usufrutto, di uso e di pegno.

Art. 1154.
Conoscenza dell'illegittima provenienza della cosa.
A colui che ha acquistato conoscendo l'illegittima provenienza della cosa, non giova l'erronea credenza che il suo autore o un precedente possessore ne sia divenuto proprietario.

Art. 1155.
Acquisto di buona fede e precedente alienazione ad altri.
Se taluno con successivi contratti aliena a più persone un bene mobile, quella tra esse che ne ha acquistato in buona fede il possesso è preferita alle altre, anche se il suo titolo è di data posteriore.

Art. 1156.
Universalità di mobili e mobili iscritti in pubblici registri.
Le disposizioni degli articoli precedenti non si applicano alle universalità di mobili e ai beni mobili iscritti in pubblici registri.

Art. 1157.
Possesso di titoli di credito.
Gli effetti del possesso di buona fede dei titoli di credito sono regolati dal titolo V del libro IV.

Art. 1158.
Usucapione dei beni immobili e dei diritti reali immobiliari.
La proprietà dei beni immobili e gli altri diritti reali di godimento sui beni medesimi si acquistano in virtù del possesso continuato per venti anni.

Art. 1159.
Usucapione decennale.
Colui che acquista in buona fede da chi non è proprietario un immobile, in forza di un titolo che sia idoneo a trasferire la proprietà e che sia stato debitamente trascritto ne compie l'usucapione in suo favore col decorso di dieci anni dalla data della trascrizione.

Art. 1159-bis.
Usucapione speciale per la piccola proprietà rurale.
La proprietà dei fondi rustici con annessi fabbricati situati in comuni classificati montani dalla legge si acquista in virtù del possesso continuato per quindici anni.

Colui che acquista in buona fede da chi non è proprietario, in forza di un titolo che sia idoneo a trasferire la proprietà e che sia debitamente trascritto, un fondo rustico con annessi fabbricati, situati in comuni classificati montani dalla legge, ne compie l'usucapione in suo favore col decorso di cinque anni dalla data di trascrizione.

La legge speciale stabilisce la procedura, le modalità e le agevolazioni per la regolarizzazione del titolo di proprietà.

Le disposizioni di cui ai commi precedenti si applicano anche ai fondi rustici con annessi fabbricati, situati in comuni non classificati montani dalla legge, aventi un reddito non superiore ai limiti fissati dalla legge speciale.

Art. 1160.
Usucapione delle universalità di mobili.

L'usucapione di un'universalità di mobili o di diritti reali di godimento sopra la medesima si compie in virtù del possesso continuato per venti anni.

Nel caso di acquisto in buona fede da chi non e proprietario, in forza di titolo idoneo, l'usucapione si compie con il decorso di dieci anni.

Dell'Art. 1161.
Usucapione dei beni mobili.

In mancanza di titolo idoneo, la proprietà dei beni mobili e gli altri diritti reali di godimento sui beni medesimi si acquistano in virtù del possesso continuato per dieci anni, qualora il possesso sia stato acquistato in buona fede.

Se il possessore è di mala fede, l'usucapione si compie con il decorso di venti anni.

Art. 1162.
Usucapione di beni mobili iscritti in pubblici registri.

Colui che acquista in buona fede da chi non è proprietario un bene mobile iscritto in pubblici registri, in forza di un titolo che sia idoneo a trasferire la proprietà e che sia stato debitamente trascritto, ne compie in suo favore l'usucapione col decorso di tre anni dalla data della trascrizione. Se non concorrono le condizioni previste dal comma precedente, l'usucapione si compie col decorso di dieci anni.

Le stesse disposizioni si applicano nel caso di acquisto degli altri diritti reali di godimento.

Art. 1163.
Vizi del possesso.
Il possesso acquistato in modo violento o clandestino non giova per l'usucapione se non dal momento in cui la violenza o la clandestinità è cessata.

Art. 1164.
Interversione del possesso.
Chi ha il possesso corrispondente all'esercizio di un diritto reale su cosa altrui non può usucapire la proprietà della cosa stessa, se il titolo del suo possesso non è mutato per causa proveniente da un terzo o in forza di opposizione da lui fatta contro il diritto del proprietario.
Il tempo necessario per l'usucapione decorre dalla data in cui il titolo del possesso è stato mutato.

Art. 1165.
Applicazione di norme sulla prescrizione.
Le disposizioni generali sulla prescrizione, quelle relative alle cause di sospensione e d'interruzione e al computo dei termini si osservano, in quanto applicabili, rispetto all'usucapione.

Art. 1166.
Inefficacia delle cause di impedimento e di sospensione rispetto al terzo possessore.
Nell'usucapione ventennale non hanno luogo, riguardo al terzo possessore di un immobile o di un diritto reale sopra un immobile, né l'impedimento derivante da condizione o da termine, né le cause di sospensione indicate dall'art. 2942.
L'impedimento derivante da condizione o da termine e le cause di sospensione menzionate nel detto articolo non sono nemmeno opponibili al terzo possessore nella prescrizione per non uso dei diritti reali sui beni da lui posseduti.

Art. 1167.
Interruzione dell'usucapione per perdita di possesso.
L'usucapione è interrotta quando il possessore è stato privato del possesso per oltre un anno. L'interruzione si ha come non avvenuta se è stata proposta l'azione diretta a ricuperare il possesso e questo è stato ricuperato.

Art. 1168.
Azione di reintegrazione.
Chi è stato violentemente od occultamente spogliato del possesso può, entro l'anno dal sofferto spoglio, chiedere contro l'autore di esso la reintegrazione del possesso medesimo.

L'azione è concessa altresì a chi ha la detenzione della cosa, tranne il caso che l'abbia per ragioni di servizio o di ospitalità.

Se lo spoglio è clandestino, il termine per chiedere la reintegrazione decorre dal giorno della scoperta dello spoglio.

La reintegrazione deve ordinarsi dal giudice sulla semplice notorietà del fatto, senza dilazione.

Art. 1169.
Reintegrazione contro l'acquirente consapevole dello spoglio.
La reintegrazione si può domandare anche contro chi è nel possesso in virtù di un acquisto a titolo particolare, fatto con la conoscenza dell'avvenuto spoglio.

Art. 1170.
Azione di manutenzione.
Chi è stato molestato nel possesso di un immobile, di un diritto reale sopra un immobile o di un'universalità di mobili può, entro l'anno dalla turbativa, chiedere la manutenzione del possesso medesimo.

L'azione è data se il possesso dura da oltre un anno, continuo e non interrotto, e non è stato acquistato violentemente o clandestinamente.

Qualora il possesso sia stato acquistato in modo violento o clandestino, l'azione può nondimeno esercitarsi, decorso un anno dal giorno in cui la violenza o la clandestinità è cessata.

Anche colui che ha subito uno spoglio non violento o clandestino può chiedere di essere rimesso nel possesso, se ricorrono le condizioni indicate dal comma precedente.

Art. 1171.
Denunzia di nuova opera.
Il proprietario, il titolare di altro diritto reale di godimento o il possessore, il quale ha ragione di temere che da una nuova opera, da altri intrapresa sul proprio come sull'altrui fondo, sia per derivare danno alla cosa che forma l'oggetto del suo diritto o del suo possesso, può denunziare all'autorità giudiziaria la nuova opera, purché questa

non sia terminata e non sia trascorso un anno dal suo inizio.
L'autorità giudiziaria, presa sommaria cognizione del fatto, può
vietare la continuazione dell'opera, ovvero permetterla, ordinando le
opportune cautele: nel primo caso, per il risarcimento del danno
prodotto dalla sospensione dell'opera, qualora le opposizioni al suo
proseguimento risultino infondate nella decisione del merito; nel
secondo caso, per la demolizione o riduzione dell'opera e per il
risarcimento del danno che possa soffrirne il denunziante, se questi
ottiene sentenza favorevole, nonostante la permessa continuazione .

Art. 1172.
Denunzia di danno temuto.
Il proprietario, il titolare di altro diritto reale di godimento o il
possessore, il quale ha ragione di temere che da qualsiasi edificio,
albero o altra cosa sovrasti pericolo di un danno grave e prossimo alla
cosa che forma l'oggetto del suo diritto o del suo possesso, può
denunziare il fatto all'autorità giudiziaria e ottenere, secondo le
circostanze, che si provveda per ovviare al pericolo.
L'autorità giudiziaria, qualora ne sia il caso, dispone idonea garanzia
per i danni eventuali.

Capo II

Della prescrizione e della decadenza

I diritti reali su cosa altrui, a differenza del diritto di proprietà, si estinguono per non uso: il termine di prescrizione è normalmente di vent'anni (artt. 970, 1014, 1073 c.c.).

Gli atti costitutivi dei diritti reali vanno trascritti ex art. 2643 c.c., per l'opponibilità verso terzi che vantino altri diritti reali della stessa o di altra specie, non verso il proprietario con il quale si è instaurato un rapporto volontario o legalmente imposto.

Ad esempio, non potranno farsi valere i diritti di usufrutto, uso, abitazione, servitù, ove non trascritti, verso un creditore ipotecario iscrivente ex art. 2812 c.c., e allo stesso modo verso un nuovo proprietario della res (ciò limita il diritto di sequela a un adempimento-onere del titolare del diritto limitato).

È poi possibile che diritti reali di godimento o di garanzia, pur trascritti, siano travolti, eccezionalmente, da un'azione di riduzione infraventennale ex art. 561 c.c.

Art. 2934.
Estinzione dei diritti.
Ogni diritto si estingue per prescrizione, quando il titolare non lo esercita per il tempo determinato dalla legge.
Non sono soggetti alla prescrizione i dirittiindisponibili e gli altri diritti indicati dalla legge.

Art. 2964.
Inapplicabilita' di regole della prescrizione.
Quando un diritto deve esercitarsi entro un dato termine sotto pena di decadenza, non si applicano le norme relative all'interruzione della prescrizione.
Del pari non si applicano le norme che si riferiscono alla sospensione, salvo che sia disposto altrimenti.

Capo III

Della consolidazione e confusione

Quando, per una qualsiasi causa, il diritto reale su cosa altrui si estingue, il diritto del proprietario si riespande, assumendo automaticamente il carattere di piena proprietà: è la cosiddetta consolidazione (si parla, ad esempio, di consolidazione dell'usufrutto per alludere al fatto che, cessato l'usufrutto, il proprietario riacquista il godimento della cosa).

La pratica corrente, nella sua disinvoltura, parla di "consolidamento" invece di "consolidazione" che è il termine corretto.

La confusione si ha quando il proprietario diventa egli stesso titolare di un diritto minore sulla sua cosa. Opera anche in questo caso la consolidazione: il diritto minore si estingue e la proprietà diventa piena proprietà.

Capo IV

Della tutela dei diritti reali e dell'azione confessoria

Con l'azione confessoria, che l'art. 1079 del codice civile italiano regola con riferimento alle servitù, si mira a ottenere il riconoscimento in giudizio del proprio diritto sulla cosa altrui contro chiunque, proprietario o no, ne contesti l'esercizio.

Si mira anche a ottenere la cessazione delle eventuali turbative o molestie (i comportamenti del proprietario o di terzi che impediscono l'esercizio del diritto) e, se necessario, la riduzione in pristino.

Dott. Piero Antonio Esposito

Dott. Piero Antonio Esposito

A.I.A.S.
Associazione Italiana Amministratori Superiori
Corso di Porta Vittoria, 7
20122 Milano
www.aiasitalia.it

Dott. Piero Antonio Esposito